뛰지 마라,
지친다

뛰지 마라, 지친다

초판 1쇄 발행 2022년 3월 16일

지은이 이지풍

펴낸이 조기흠
기획이사 이홍 / **책임편집** 정선영 / **기획편집** 유소영, 임지선, 박단비, 전세정
마케팅 정재훈, 박태규, 김선영, 홍태형, 배태욱, 임은희 / **디자인** 박진범 / **제작** 박성우, 김정우

펴낸곳 한빛비즈(주) / **주소** 서울시 서대문구 연희로2길 62 4층
전화 02-325-5506 / **팩스** 02-326-1566
등록 2008년 1월 14일 제 25100-2017-000062호

ISBN 979-11-5784-570-5 13320

이 책에 대한 의견이나 오탈자 및 잘못된 내용에 대한 수정 정보는 한빛비즈(주)의 홈페이지나
이메일(hanbitbiz@hanbit.co.kr)로 알려주십시오. 잘못된 책은 구입하신 서점에서 교환해드립니다.
책값은 뒤표지에 표시되어 있습니다.

⌂ hanbitbiz.com f facebook.com/hanbitbiz N post.naver.com/hanbit_biz
▶ youtube.com/한빛비즈 ◉ instagram.com/hanbitbiz

지금 하지 않으면 할 수 없는 일이 있습니다.
책으로 펴내고 싶은 아이디어나 원고를 메일(hanbitbiz@hanbit.co.kr)로 보내주세요.
한빛비즈는 여러분의 소중한 경험과 지식을 기다리고 있습니다.

뛰지 마라, 지친다

한국 야구 스타선수들의 멘탈 코치 이지풍이 말하는
최고의 퍼포먼스를 내는 사람들의 전략

이지풍 지음

HB 한빛비즈
Hanbit Biz, Inc.

내가 처음 트레이너가 되겠다고 프로 야구팀에 실습을 나왔을 때 몇몇 코치분들이 이런 말을 했다. '체육교육과 졸업하고 체육 선생님을 하지 왜 마사지하러 왔냐'고. 당시만 해도 트레이너를 바라보는 시선이 그랬다.

우리나라에서 야구단 트레이너를 바라보는 시각이 바뀐 지는 그리 오래되지 않았다. 프로 야구 1세대 트레이너 선배들은 주된 일이 공 줍기였다고 한다. 야구단 인력이 그리 많지 않던 시기여서 트레이닝보다는 훈련시간에 보조하는 일이 주 업무였다고 말하는 선배들이 많았다. 또한 일의 대부분은 마사지였다. 그래서 선배들은 트레이너에 대한 인식을 바꾸기 위해 엄청난 노력을 했다. 트레이닝의 중요성을 강조했고, 트레이너가 단순히 마사지만 하는 사람이 아닌 팀에서 중요한 역할을 하는 사람이라는 인식을 심어주려고 말이다.

야구단에서 일하는 트레이너는 대개 가장 일찍 출근하고 가장 늦게 퇴근한다. 출근을 하면 트레이너실 정리부터 웨이트장 정리, 트레이닝 가방 정리 등을 한다. 선수들이 출근을 하면 부상이 있는 선수들을 치료하고, 웨이트 트레이닝하는 선수들의 훈련을 도와준다. 기술훈련 전에는 워밍업과 컨디셔닝 훈련도 시킨다.

게임 중에는 부상 선수가 발생했을 때 응급처치도 하고 필요할 경우 병원 진료에도 동행한다. 또한 쉬는 날에 부상 선수의 병원 진료가 있으면 휴식도 반납한 채 병원에 가야 한다. 여기서 끝이 아니다. 부상이 심하거나 수술을 한 선수들의 재활도 담당해야 한다. 이처럼 트레이너가 하는 일은 정말 많다.

트레이닝이 중요하다는 인식이 생기면서 트레이너의 위상에도 많은 변화가 있었지만 난 아직 부족하다고 생각한다. 좁은 의미의 트레이너 일만 해서는 좋은 결과를 가져오기 힘들겠다고 느꼈다. 궁극적으로 선수들의 컨디션을 좋게 하는 방법에는 여러 가지가 있는데 기존 방식의 치료 업무만으로는 한계가 있다는 생각이 들었던 것이다.

과거부터 내려온 트레이너에 대한 인식이 있기 때문에, 적극적으로 일을 하면 반발이 항상 발생했다. 야구선수 출신들 사이에서 비야구인 출신인 내가 의견을 강하게 내니까 여러 사람들이 불편해했다. 관성으로 해오던 것들인데 논리적으로 따지니 욕하는 사람도 많았다. 그동안 해오던 것들을 부정당하는 느낌이었나 보다.

나의 피해의식일 수도 있지만 내가 트레이너 출신이 아니었으면 그렇게까지 비난받진 않았을 거라는 생각을 할 때도 많았다. 같은 비야구인인 기자들에게는 그런 비난을 잘 하지 않는 걸 보면 출신이 트레이너라는 핸디캡이 크게 작용했던 듯하다. 그렇다고 선수가 부상을 입고, 선수와 구단의 손해가 명확한데도 그냥 좁은 의미의 트레이너 일만 할 수는 없었다. 돌이켜 생각해보니 그동안 소극적으로 일해왔다면 지금까지 야구단에서 살아남지 못했을 거라는 생각도 든다.

트레이너는 전체적으로 선수와 구단의 입장을 고려하여 최선의 결정을 할 수 있도록 적극적으로 일해야 한다. 선수의 부상이 발생했을 경우 참고 뛰는 게 나은지, 휴식을 취하는 게 나은지, 수술을 언제 해야 구단과 선수 입장에서 가장 이로운 결정인지 등 내가 결정해야 하는 순간이 무수히 많다.

트러블을 두려워하면 제대로 된 일을 할 수 없다. 트레이너 업무의 범위는 개인의 역량에 따라 얼마든지 달라질 수 있다. 트레이너들 중 자신의 처우에 대한 불만을 가진 사람이 많다. 구단의 문제일 수도 있지만 그전에 나은 대우를 받기 위해 어떤 노력을 했는지 묻고 싶다. 자기 일을 열심히 했다고 항변할 수 있지만 자기 일은 누구나 열심히 한다. 내가 남들보다 나은 대우를 받으려면 남들과는 다른 모습을 보여야 한다.

다른 코치들과 트러블이 생기는 것을 두려워하고 선수와 트러블 있는 걸 두려워하는 트레이너들은 좋은 대우를 받기 힘든 시대가 아닌가 한다. 말 잘 듣고, 그동안 해왔던 방식을 고수하는 사람이라면 굳이 그 사람을 꼭 써야 할 이유도 없는 것이다. 나의 업무 범위를 넓혀서 조직에 어떤 도움을 줄지 고민하는 것이 나 자신의 가치를 높이는 길이다.

야구단에서 20년 가까이 일하면서 많은 선수들과 여러 지도자들과 일을 해봤다. 메이저리그에 진출한 강정호, 박병호, 김하성 선수와도 일을 해봤고, 이정후, 강백호 선수의 신인왕 시절도 같이 해봤다. 이 선수들은 어떤 특징이 있어서 성공한 선수가 되었는지, 지금의 시대에는 어떤 유형의 선수들이 성공할 가능성이 높은지 등에 대해 많은 생각을 해봤다.

같이 코치생활을 하다가 감독이 되신 분들도 많이 겪은 편이다. 염경엽, 이강철, 허문회, 장정석, 홍원기 등 많은 감독들도 경험해봤다. 선수 때 이분들보다 훨씬 유명한 스타였지만 아직 감독 자리에 오르지 못한 분들도 많은데, 왜 이분들은 감독의 위치에 오르게 되었는지, 지금 시대가 원하는 리더는 어떤 사람들인지에 대한 많은 생각을 하게 해주는 분들이다.

프로 야구단 일을 쉬는 동안 아마추어 선수들을 만나면서 요즘 어린 학생들은 어떤 생각을 하는지, 자녀를 둔 부모님들은 어떤 고민을 하고 있는지 많이 알게 되었다. 내가 그동안 프로에서 성공한 선수들과 성공한 지도자들을 보며 느낀 점을 공유해 어린 학생들에게 도움을 주고 싶었다. 어떻게 해야 학생들이 미래에 좋은 선수가 되고, 야구를 그만두더라도 사회에서 어떤 유형의 사람들이 인정받고 성공하는지에 대한 얘기를 들려주고 싶었다. 이 자리를 빌어 부모님들에게는 자녀들을 어떻게 바라봐야 자녀들의 능력을 극대화시킬 수 있는지, 자녀들 미래에 대한 불안감을 어떻게 해야 조절할 수 있는지에 대한 이야기를 하고 싶다.

흔히 야구를 인생에 비유한다. 인생이라는 긴 페넌트레이스에서 지치지 않고 완주하려면 어떻게 해야 하는지 이야기하고 싶다.

◈ 차례 ◈

당신의 고정관념은
무엇입니까

많은 사람이 '모름지기 운동선수라면 연습을 많이 해야지. 노력은 배신하지 않으니까' '돈 받고 운동하는데, 프로 선수가 쉰다는 게 말이 돼?'라고 생각한다. 나 역시 그랬다. 내가 처음 야구단에 입사한 2000년대 초중반까지만 해도 스포츠 신문이나 방송에서 해설가들이 하는 말도 비슷했으니까. 시합 전 선수들의 몸풀기 훈련까지 얘기해가며 조금만 소홀히 해도 해당 선수의 미래를 어둡게 예상하기도 했다. 나 역시 그랬다.

그랬던 내 생각이 바뀐 데는 결정적 계기가 있다. 2005년의 일이다. 시즌 종료 후 미국 플로리다 브래든턴으로 마무리캠프를 가게 되었는데, 당시 피츠버그 소속 마이너리그 트레이너를 한 달간 고용하여 같이 일하게 되면서다.

훈련 첫날, 감독님께서 이 미국인 트레이너에게 선수들을 위해 조언을 해달라고 했다. 나는 숨죽이며 그의 입에서 어떤 말이 나올지 잔뜩 기대했다. 그런데 놀랍게도 그의 입에서 나온 첫 마디는 "REST", 쉼이었다.

'아니, 운동선수에게 휴식을 취하라니!' 나는 순간 뒤통수를 얻어맞은 듯했다. 무려 24시간이나 걸려 이곳 마무리캠프장에 왔는데, 휴식을 취하라니…. 당황할 수밖에 없었다. 짧은 시간 그가 강조한 것은 분명 "REST"였다.

놀라운 일은 또 있었다. 당시 숙소가 야구장 안에 있었는데, 야간운동이 끝나고 트레이너 업무를 마치면 보통 밤 10시, 11시였다. 하루는 선수들이 손가락, 손바닥, 손목에 테이핑을 하고 밤 10시까지 훈련하고 있는 모습을 우연히 본 또 다른 미국인 트레이너가 나에게 이렇게 말했다. "Crazy!" 저렇게 손가락, 손바닥에 물집이 잡히고 테이핑까지 해서 스윙이나 제대로 할 수 있느냐는 얘기였다. 분명 손에 통증이 있을 텐데 말이다.

다시 한번 망치로 한 대 얻어맞은 느낌이었다. 하나하나 다 맞는 말이었다. 그때까지 나나 선수들은 늦게까지 훈련하고 치료해주며 서로 뿌듯해했던 것이다. 이때부터 나는 한국 프로 야구팀에서 하는 훈련 방식들에 어떤 문제들이 있는지 관심을 가지고 고민하기 시작했다.

무조건 연습을 많이 하는 게 좋다?

흔히 사람들은 운동선수들이 연습을 많이 하면 실력이 향상된다고 믿는다. 그럴 수도 있고 아닐 수도 있겠지만, 나는 연습량과 실력향상의 상관관계가 그리 높지 않다고 생각한다. 연습이 아무 효과가 없다는 말이 아니다. 연습을 많이 하는 게 연습을 적게 하는 것보다 무조건 좋은지 생각해보자는 얘기다.

불과 몇 년 전까지만 해도 어마어마한 연습량으로 유명한, 우리나라에서 큰 존재감을 가지고 있는 감독이 있었다. 2000년대에 그 감독이 맡았던 팀이 아주 좋은 성적을 거둬 사람들은 대부분 연습량이 많아야 야구를 잘할 수 있다고 생각하고 있다. 그런데 이 감독이 2010년대에는 왜 성공하지 못했을까?

다시 2005년 플로리다 마무리캠프장으로 돌아가보자. 당시에는 그 미국 트레이너가 아무리 휴식을 강조했다고 해서, 휴식을 중요하게 생각할 시대가 아니었다(또 그런 팀도 아니었지만…).

2000년대 초반에는 당시 모든 팀이 훈련량을 최대로 가져

가는 분위기였다. 감독들 대부분의 취임 인터뷰를 보면 잘 알 수 있다. 하나같이 많은 훈련으로 팀을 바꿔가겠다는 인터뷰 내용이다. 난 그런 인터뷰를 볼 때마다 이런 생각을 했다.

'어떻게 지금 하는 훈련량보다 더 많은 양을 하겠다는 거지?' '전임 감독도 훈련을 많이 하겠다고 했는데 같은 방법으로 하면 이 팀도 별 볼일 없겠군.'

8888577로 유명했던 2000년대 최약체 중의 하나였던, 롯데자이언츠가 2008년에 페넌트레이스 3위를 했던 걸 기억하는가? 당시 기사를 찾아보면 알겠지만 제리 로이스터 감독은 훈련량이 많지 않은 것으로 알려져 있다. 그때 나는 제리 로이스터 감독에 대한 궁금증이 커져서 당시 롯데에서 일하고 있던 코치를 따로 만나 질문을 퍼부었던 기억도 있다.

이런 얘기를 들은 적이 있다. 하루는 로이스터 감독이 수비 코치를 불러 펑고(야수가 수비 연습을 할 때 코치가 쳐주는 타구)를 왜 그렇게 좌우로 많이 움직이게 치냐고 물었다고 한다. 해당 코치가 안타성 타구를 잡는 연습과 체력을 기르기 위한 훈련이라고 설명을 하자, 로이스터 감독이 뒤이어 바로 이렇게 물었다고 한다. "내야수 실책의 80%는 어디서 나오나?"

순간 그 코치는 한 대 얻어맞은 느낌이었다고 한다. 로이스터 감독은 선수들 힘들게 좌우 펑고 치지 말고 정면 타구에 대한 수비 연습을 잘 시키라고 했다고 한다. 당시까지도 우리나라 야구계는 수비 연습 시 유니폼이 더러워지지 않으면 연습을 안 한 거나 마찬가지이고, 땀을 흘리지 않거나 숨을 헐떡이지 않으면 훈련을 한 게 아니라는 생각을 가지고 있었다.

병아리가 될 것인가, 독수리가 될 것인가

내가 거의 매년 선수들에게 강의를 할 때 첫 번째 슬라이드에 쓰는 사진이 있다. 알에서 병아리가 부화하는 사진이다. 내가 하고 싶은 얘기는 알을 깨고 나오지 못하면 그 알은 계란후라이가 되고 말 것이지만, 만약 그 알을 깨고 나온다면 병아리가 될 수 있고, 닭으로 성장할 수도 있으며, 혹여 독수리나 타조가 될 수도 있다는 것이다. 여기서 내가 말하는 알은 '고정관념'이다.

야구선수도 똑같다. 알을 깨고 나오면 그나마 이름을 알리는 정도의 선수는 되지만, 알을 깨지 못한 선수는 KBO 선수 등록 잉크가 마르기 전에 은퇴를 하게 된다. 고정관념을 깨는 것이 한 선수가 얼마나 성장할 수 있느냐 하는 중요한 척도가 된다.

2017년 겨울, 나는 강백호 선수를 수원야구장에서 처음 만났다. 사실 강 선수를 만나서 처음 든 생각은 '키도 생각보다 크지 않고, 고등학생들 사이에서는 몸이 좋을지 몰라도 프로 선배들과 비교하면 몸도 생각보다 별로…'라는 것이었다. 매해 들어오는 유망주 중 한 명 정도로 생각한 것이다. 그런데 그 생각이 바뀌는 데는 오래 걸리지 않았다.

11월 말 선수단 워크숍이 있었는데, 나로서는 매해 하던 강의라 그동안 해왔던 내용 위주로 평범하게 진행했다. 그런데 강의가 끝나고 며칠 후, 수원야구장에서 만난 강 선수가 워크숍 때 내 강의를 녹음해서 계속 들었다는 말과 함께, '저는 타조가 되겠습니다'라고 얘기하는 것이었다.

앞에서 얘기한 내가 강의 때 쓰는 첫 번째 슬라이드, 병아리가 알을 깨고 나오기 직전의 모습을 기억하고 나에게 '타조가 되겠다'는 얘기를 한 것이었다. 그때 난 '강백호는 물건이구나'라고 생각했다.

사실 매년 강의를 해왔지만 선수가 녹음까지 해서 다시 듣는다는 얘기를 들어본 적도 없고, 첫 슬라이드에서 내가 했던 말을 기억해서 나에게 타조가 되겠다는 얘기를 한 선수도 없었다. 강 선수는 비시즌에 웨이트 트레이닝도 성실히 했고 목표의식도 뚜렷했다. 시즌이 시작하고 나서는 '백호는 남다르다'는 내 생각에 확신이 들기 시작했다.

게임을 하다 보면 먼저 타석에 들어간 선수가 더그아웃으로 들어왔을 때 선수들이 상대 투수에 대해 물어보곤 한다. 선배들이 강 선수에게 물어보면 대답이 거의 한결같았다. "칠 만합니다." 그의 얘기를 곧이곧대로 믿고 타석에 들어갔다 온 선배들은 다음부터는 강백호한테 묻지 말라는 말을 하곤 했다. 그만큼 강 선수는 자신감이 넘치는 선수였다.

2018년 시즌 초반 많은 기자들이 내게 강백호 선수에 대해 물었다. 기자들이 궁금한 건 강 선수의 몸이었다. 힘이 좋은 거 같은데 몸이 어떠냐는 질문이 대부분이었다. 나의 대답은 한결같았다. "백호가 힘이 좋아봐야 얼마나 좋겠습니까. 재균이보다 좋겠습니까, 박경수보다 좋겠습니까? 백호가 대단한 선수인 건 백호의 머리, 멘탈입니다. 이런 신인을 본 적이 없습니다." 강백호 선수는 2018년 29홈런을 기록하고 그해 신인왕을 받았다. 당연한 결과였다. 지금은 한국을 대표하는 타자로 성장 중이다.

2018년 시즌 종료 후 강백호 선수가 한 인터뷰에서, 내게 몸을 잘 만들어줘서 감사하다는 인터뷰를 한 적이 있다. 하지만 난 아직도 강 선수는 몸을 잘 만들어서 잘하는 게 아니라 누구도 범접할 수 없는 두뇌와 멘탈을 가지고 있기 때문이라고 생각한다. 그는 누구의 도움도 필요 없는, 원래 처음부터 잘

하는 선수다.

다시 앞의 질문으로 돌아가자. 2000년대에는 많은 훈련량으로 유명한 감독이 성공했었는데 왜 2010년대에는 실패했는가. 내가 찾은 답은 이렇다.

모든 팀들이 훈련을 많이 하는 시대에서는 그 방법으로는 그 감독이 최고였기 때문에 다른 팀들이 이기기 힘들었지만, 2010년대에는 젊고 새로운 감독들이 나오면서 전과 다른 방법을 가지고 왔기 때문이다.

2013년 넥센히어로즈가 성적이 나면서 휴식의 중요성, 러닝과 체력과의 상관관계, 웨이트 트레이닝의 중요성 등이 부각되었다. 많은 훈련량으로 성적을 내겠다는 얘기는 이제 거의 나오지 않는다. 낡은 방식, 고정관념만 고집해서는 경쟁력이 없다. 만약 산수대회에서 누군가 계산기를 사용한다면 (그것이 반칙이 아니라는 전제하에) 당연히 좋은 성적을 거둘 것이다. 남들이 생각 못 하는, 합리적이면서 독특한 방법을 찾으면 목표에 더욱 빠르게 가까워질 수 있다.

과감하게
다른 시도를 하라

타자가 좋은 타자로 인정받기 위해서는 안타를 많이 치거나 홈런을 많이 쳐야 한다. 그럼 타자가 안타를 많이 치는 방법은 무엇일까? 투수가 던지는 150km에 육박하는 공을 쳐서 타자가 원하는 위치, 즉 수비수가 없는 곳에 의도대로 보내기란 불가능하다. 단순히 공을 맞추거나 때릴 수 있을 뿐이다. 그럼 수비수가 없는 빈 곳에 정확하게 보내기 힘들다면 어떻게 해야 안타를 많이 생산할 수 있을까? 물론 왼손 타자에 빠른 발을 가지고 있으면 내야안타를 많이 칠 수 있다(Batting Average on Balls In Play, 즉 BABIP를 알면 이해하기 쉽다). 하지만 질문에 대한 적절한 답은 아니다. 정답은 타구 스피드를 빠르게 하는 것이다.

그럼 타구 스피드를 빠르게 하는 방법에는 무엇이 있을까? 배트 스피드를 빠르게 하거나 방망이 무게가 무거운 걸 써야 한다. 이 두 가지와 밀접하게 관계된 것이 바로 힘이다. 선수가 힘이 좋아 배트 스피드가 빠르거나 배트 스피드가 떨어지지 않는 범위에서 방망이를 무거운 걸 쓰면 타구 스피드가 빨라지고, 타구 스피드가 빨라지면 안타가 많이 나온다.

이 힘이 기술의 수준을 결정한다고 나는 믿는다. 특히, 프로에 입단한 선수들이 공을 컨택하는 능력이 갑자기 좋아지긴 힘들다고 믿기 때문에 후천적으로 타격을 잘하게 만드는 방법은 이 힘을 키우는 방법이 가장 합리적이라고 생각한다.

▎어릴 때 가진 경쟁력이
▎평범함이 되었다면

메이저리그에 알렉스 로드리게스와 배리 본즈라는 선수가 있었다. 알렉스 로드리게스는 누적 연봉이 3억 9,920만 달러로 알려져 있을 정도로 미국에서 대단한 선수였다. 배리 본즈는 커리어만 보면 야구 역사상 유일한 400홈런-400도루를 넘어 500-500, 700-500을 달성하는 등 역대 최고의 호타준족(파워와 빠른 발을 모두 갖춘 선수)이었다. 그리고 2000년 이후에는 역대 최고의 홈런, OPS 타자,

1900년대까지 봐도 역사상 최고의 선수 중에 한 명이었다.

이 두 선수의 공통점을 아는가? 바로 스테로이드를 복용하여 그들의 커리어에 심각한 오점을 남긴 선수들이다. 그들이 왜 스테로이드를 복용했을지 생각해보자. 최종적인 목적은 야구를 잘하기 위함이다. 그들은 야구를 잘하기 위해 스테로이드를 복용하면서까지 힘을 기르는 데 집중했다. 반면 우리나라는 힘을 기르기보다는 연습을 많이 해야 된다고 하지 않는가. 스테로이드를 복용하자는 얘기가 아니다. 우리도 야구를 잘하기 위해서는 힘을 길러야 한다는 얘기다. 그래서 웨이트 트레이닝이 중요한 것이다.

야구선수들 중 중고등학교 시절 야구의 신으로 불리다가 프로에 와서 존재감 없이 은퇴하거나 대학교 진학 후 프로팀에 지명받지 못하는 선수들이 의외로 많다. 그 선수들의 동기들이나 동시대에 야구를 했던 선수들에게 '그 친구는 중고등학교 때 뭐가 좋았어?'라고 물어보면 대부분은 힘이 남다르다는 얘기를 많이 한다. 그 선수들이 진학을 하거나 나이가 들면 들수록 실력이 떨어지는 이유는, 어릴 때 경쟁력이었던 힘이, 성장할수록 떨어졌기 때문이다. 어릴 때는 큰 편에 속했던 키가, 대학이나 프로에서는 평범한 키가 되거나, 어릴 때 엄청나게 큰 힘이 이후에는 평범한 힘이 되어버렸기 때문이다. 특히 야수들에게는 더 크게 적용되는 것 같다.

하지만 우리나라 야구팀 대부분은 타격 훈련량에 집착하는 경향이 있다. 훈련을 비효율적으로 많이 하면 선수들은 지치게 되고 힘은 떨어지게 된다. 힘이 떨어지면 타구 스피드는 떨어지게 되고 안타는 덜 생산된다. 안타가 덜 생산되면 연습량을 늘리고, 다시 힘은 떨어지고…. 이 악순환을 끊어내는 게 중요하다.

게임 후 한밤중에 특타를 한다고 그다음 날 좋은 결과가 나오지 않는 이유가 이것이다.

엄청난 훈련량보다 중요한 것

예컨대, 강정호 선수는 고교 때부터 아버지의 영향으로 웨이트의 중요성을 잘 알고 있는 선수였다. 난 그런 생각이 흔들리지 않게끔 옆에서 많은 얘기를 해줬을 뿐이다. 웨이트 트레이닝의 효과를 보기 위해서는 어떻게 해야 하는지, 조금 더 효과를 보기 위해서 어떻게 트레이닝을 하면 좋은지 등을 얘기했다. 2014년 시즌이 종료하면 강정호 선수가 메이저리그 포스팅에 참여한다는 게 기정사실화되어 있었다. 그 2014년 시즌 들어가기 전 나는 강 선수에게 어떻게 체력을 관리하고 여름에 지치지 않을 방법 등을 얘기했다.

그중 하나가 '게임 전 연습하는 것을 최대한 줄이라'는 것이었다. 그동안 강정호 선수는 반신반의하던 중이었는데 2012년, 2013년 시즌을 경험하며 본인도 어느 정도 확신이 들었는지, 메이저리그 진출을 바로 앞둔 2014년 시즌 개막 직전 나에게 약속 하나를 했다. '올시즌 끝날 때까지 72게임(전체 144게임의 절반)은 게임 전에 연습하지 않고 출전하겠다'고.

난 그 약속을 지키나 안 지키나 지켜보겠노라고 했다. 2014년 시즌이 사실 본인 인생에서 얼마나 중요한 시즌이었나. 그런데도 그런 약속을 한다는 게 대단하다고 생각했다. 정확하게 몇 게임을 그렇게 했는지는 잊었지만 그 약속을 최대한 지켰던 걸로 기억한다.

그해 강정호 선수는 타율 0.356, 출루율 0.459, 장타율 0.739, 홈런 40개를 기록한다. 강 선수의 커리어하이 시즌이었다. 성적도 성적이었지만 내가 기억하는 한 장면은 40호 홈런을 치고 나서이다. 강 선수는 프로 야구 역사상 첫 유격수 40홈런을 기록하고 싶은 마음이 간절했었는데, 마지막 2게임에서 홈런 2개를 기록한 것이다. 최종전에서 40홈런을 치고 더그아웃으로 들어와 동료들과 즐겁게 하이파이브를 하고 난 후였다.

강 선수가 구석 자리에 조용히 앉아서 감동적인 순간을 즐기고 있던 나에게 손을 내밀었다. 고마움을 표현하는 게 느껴졌다. 강 선수와 나는 서로 특별한 말을 주고받지는 않았다. 하지만 악수를 할 때 난 그 마음을 느낄 수 있었다. 그 순간은 프로에 있는 동안 내가 느낀 가장 감동적인 순간 중 하나이다.

사실 그 순간 거꾸로 내가 강정호 선수에게 감사한 마음이었다. 내가 아무리 휴식이 중요하고 벌크업이 중요하다고 얘기해봤자 귀담아듣는 사람이 그렇게 많지 않다. 하지만 강정호 선수가 입단했을 때보다 몸을 키우고, 훈련량을 조절하며 적절한 휴식을 취해서 엄청난 기록을 달성한 걸로 내 주장이 증명되었기 때문이다.

만약 훈련량과 타격기술 및 성적이 상관관계가 크다면 나이가 들면 들수록 성적은 좋아야 하지 않을까? 하지만 현실은 그렇지가 않다. 선수가 나이가 들면 배트 스피드가 떨어진다고 구단 및 지도자들에게 버림받는 게 현실 아닌가. 그리고 훈련량이 야구기술을 엄청나게 발전시킨다면 우리나라 선수들이 메이저리그 선수들보다 훨씬 뛰어나야 맞는 거 아닌가.

죽기 살기로
하지 마라

나는 개인적으로 죽기 살기로 하라는 말을 싫어한다. 그 이유는 죽기 살기로 하면 '죽는 것'과 '사는 것', 이 두 가지 결과만 있기 때문이다.

야구선수로 실패한 선수들에게 대부분의 부모나 지도자는 '열심히 안 해서 그렇다', '헝그리 정신이 부족해서 그렇다'고 말한다. 평소 죽기 살기로 하라는 조언을 자주 하는 것은 물론이다. 그런 마음으로 하지 않는데 어떻게 성공하느냐는 것이다. 특히 올림픽에서 야구대표팀이 좋은 성적을 거두지 못하면 연봉이 많아서 절실함이 없다느니, 열심히 하지 않았다느니 하는 말도 야구 원로들 사이에서 나온다.

신인 선수 드래프트를 하면 보통 한 팀당 10명의 선수를 선발해 매년 100명 정도의 선수만이 프로팀 유니폼을 입게 된다. 육성 선수로 입단하는 선수도 있기는 하지만 육성 선수를 포함하더라도 그렇게 많지 않은 선수만이 프로팀에 입단한다. 나머지 선수들은 대학에 진학하거나 대학 졸업 후에도 입단하지 못하면 야구를 그만두기도 한다. 프로에 입단하지 못한 선수들에게도 가장 쉽게 하는 말이 '열심히 하지 않았다'일 것이다. 물론 전부는 아니겠지만 대부분의 선수들이 중고등학교 때부터 죽기 살기로 했을 것이라고 난 확신한다.

▌야간 훈련은
▌과유불급

내가 야구단에 입사하고 처음 간 미국 전지훈련은 트레이너로서 가장 힘들었다. 그 이유는 야간훈련이 끝난 후 밤 11시에 일이 끝나고, 아침이면 7시에 야구장에 나오는 내 스케줄 때문이었다. 우리나라 야구 지도자들은 야간훈련을 좋아하는 편이다. 야간훈련이 생각보다 훈련강도가 높아서 다음 날 컨디션에도 좋지 않은 영향을 미칠 텐데 말이다.

요즘은 좀 다르지만 아직까지도 야간훈련을 하는 팀이 있다. 고등학교 야구팀들은 대부분이 야간운동을 하는 걸로 알고 있다. 심지어 중학생들도 야간훈련을 한다고 한다. 야간훈련을 마친 뒤 땀을 흠뻑 흘려야만 뿌듯한 마음으로 숙소로 돌아가는 선수들도 많다. 왜일까?

야간훈련을 하는 선수들을 보며 고등학생 시절 내 모습이 떠올랐다. 고등학교 3학년 때 나는 집 앞에 있는 독서실을 다녔다. 새벽 2~3시까지 독서실에서 공부를 하고 친구와 함께 그곳을 나와, 스스로가 정말 대견하며 뿌듯한 마음으로 새벽 공기를 맞으며 집으로 갔었다.

하지만 독서실에서의 나의 모습을 돌이켜보면, 책상에 20분 정도 앉아 있다 친구랑 커피 한잔하며 40분 정도 수다 떨고, 아님 책상에 앉아 공부 계획만 세우곤 했다. 그때 친구랑 계획 세우는 건 우리가 일등이라는 말을 할 정도였다. 따지고 보면 공부를 그렇게 많이 하지도 않았지만 집에 갈 때만큼은 큰 성취감을 느끼며 갔다.

왜? 새벽 2시까지 안 자고 공부했으니까…. 잠이 부족해 다음 날 학교 수업시간에 졸더라도, 독서실에서 잠 안 자고 새벽 2시까지 버틴 내 모습이 스스로 대견한 것이다.

야간훈련을 마친 야구선수들도 그때의 나와 같은 마음이라고 생각한다. 어두컴컴한 밤에 조명 하나 켜놓고 열심히 훈련해 땀을 흠뻑 흘리면 숙소에 돌아갈 때 마음은 뿌듯할 것이다.

그 훈련을 시킨 지도자도 같은 마음일 것이다. 이 야간훈련이 다음 날 정규 연습에 지장을 주는데도 말이다. 심지어 야간훈련에 쓸 힘이 남아 있어야 하기 때문에 본 훈련에 힘 조절을 한다는 선수도 많다.

한밤중에는 사람들이 감성적으로 변한다고 한다. 우리가 연애편지를 쓸 때도 밤에 쓰지 낮에는 잘 안 쓰지 않는가. 밤에 쓴 연애편지를 아침에 일어나 읽어보곤 이불킥을 한 경험이 있지 않나. 야간훈련 때 받은 느낌은 자고 일어나면 없어질 것이다.

2004년에 이런 기사가 난 적이 있다. 당시 일본 지바롯데 감독이었던 바비 발렌타인이 한 말이다. '타자들의 야간 개인 스윙연습은 소용 없는 훈련'이라는 것이었다. '타자의 스윙은 타이밍을 찾는 것이 가장 중요하다. 공도 보이지도 않는 상황에서 혼자 배트를 휘두르는 것은 무의미하다'며 '프로는 물론 아마추어 선수들까지도 이 같은 비효율적인 훈련에 습관적으로 나서고 있다'는 것이었다.

들자니 2008년 롯데자이언츠에 부임한 제리 로이스터 감독은 스프링 캠프지에서 밤에 선수들이 방망이를 들고 주차장으로 걸어나가는 모습을 보고 'Fxxx'이라고 소리를 질렀다고 한다.

몇 년 전 〈K팝스타〉라는 오디션 프로그램이 있었다. 개인적으로 정말 좋아하던 프로였는데, 이런 오디션 프로를 보다 보면 참 안타까울 때가 많았다. 본인의 부족한 능력을 채우려고 밤새 연습을 많이 해서 성대결절이 오는 참가자들을 볼 때 특히 그런 마음이 들었다. 연습은 열심히 하고 정작 중요한 오디션 때 목소리가 나오지 않는 것이다. 이런 참가자와 비슷한 야구선수들이 많다.

자기만족을 위한 훈련이 좋은지, 다음 날 좋은 컨디션으로 본 훈련시간을 알차게 보내는 게 좋은지는 잘 판단해야 할 문제이다. 과유불급(過猶不及)이라는 말을 잊지 말자.

| 너무 열심히 하지 않아도
| 괜찮다   죽기 살기로 해도 프로에 입단하는 선수도 많지 않고, 프로에 입단해도 성공하는 선수가 많지 않다. 1%의 선수만이 살고 나머지 선수는 야구선수로서 죽는 것이다. 죽기 살기로 해도 99%의 확률로 죽을 가능성이 높다는 말이 된다. 그래서 난 야구선수들이 행복하게 야구하기를 바란다는 이야기를 자주한다. 죽기 살기란 표현은 다시 말해 무엇보다 야구가 먼저이고 삶은 후순위인 것이다.

외국인 지도자들은 삶 속에 야구가 있다는 것을 많이 강조한다. 삶 속에서 야구는 극히 일부분인데 야구를 최우선으로 하면 행복을 찾기가 어려워지고 그러면 야구선수로 성공하기 힘들어진다는 이야기를 한다.

일본 야구선수 중 메이저리그에 진출한 선수가 여러 명 있지만 난 그중 다르빗슈가 가장 기억에 남는다. 넥센히어로즈 시절 스프링 캠프를 애리조나에 있는 텍사스레인저스 시설을 사용해 다르빗슈를 직접 만나봤는데, 실제로 본 그는 키도 크고, 남자가 봐도 정말 잘생겼다는 인상을 받았다.

단지 잘생기고 멋있기 때문에 다르빗슈가 인상적인 건 물론 아니다. 내가 가장 인상적이었던 건 다르빗슈가 일본 언론과 한 인터뷰 내용 때문이다. 다르빗슈는 평소에 내가 입에 달고 다니는 말, 내가 항상 비판받아왔던 말을 대신해준 것이나 다름없다.

다르빗슈는 인터뷰에서 고교야구선수들에게 "너무 열심히 하지 않아도 좋다"는 메시지를 던졌다. 무엇보다 일본 고교 야구선수의 지나친 훈련량을 꼬집었다. 그는 "수백 개의 공을 던진다든지, 수천 번의 스윙을 할 필요는 없다"며 "도호쿠 고등학교(다르빗슈의 출신학교)에선 이른바 강호 학교에서 하는 훈련을 모두가 했다. 하지만 나는 하지 않았다. 토끼뜀 뛰기처럼 납득할 수 없는 훈련은 절대로 하고 싶지 않았다"고 밝혔다.

또한 다르빗슈는 선수들이 과도한 운동을 하는 배경엔 감독과 코치의 그릇된 인식도 작용하고 있음을 지적했다. "일본 감독들은 정확한 야구 지식 없이 자신들이 과거에 성공했던 경험을 바탕으로 선수들에게 훈련을 강요한다"며 "개선되고 있겠지만 몸이 망가져 고통받는 선수가 끊이지 않는다"고도 했다. 특히 그가 문제로 지적한 건 선수들의 '절대적인 휴식 부족'이다. 다르빗슈는 "아직도 겨울 합숙 훈련 땐 열흘, 여름 훈련 땐 닷새만 쉬는 야구부가 흔하다. 내가 감독이라면 일주일에 이틀은 쉬게 할 것이다. 하루 연습량도 3시간 정도면 충분하다고 본다"고 말했다.

이런 얘기를 다르빗슈는 인터뷰에서 거침없이 말한다. 다르빗슈 개인의 입장에서는 굳이 하지 않아도 되는 얘기다. 저런 인터뷰를 하는 바람에 야구 원로들한테 괜한 욕을 먹지 않는가.

다르빗슈의 인터뷰 내용과 비슷한 말을 나도 그동안 수없이 많이 했다. 물론 공감하는 사람도 있었겠지만 비판하는 기자나 야구인이 훨씬 많았다. 특히 나는 야구선수 출신도 아닌 일개 트레이너였으니 귀담아 들어주는 사람이 그리 많지 않았다.

나도 그동안 기존 야구의 통념과는 반대되는 이야기를 많이 해왔다. 많은 연습이 부상을 유발하고 성적 향상에 해가 된다, 러닝을 많이 하면 햄스트링 부상을 더 유발한다 등의 얘기를 할 때마다 야구선수 출신이 아니라 그런다고 무시받기도 하고, 러닝을 시키지 않는다고 비판하는 지도자도 많았다. 오죽했으면 모 팀에서 나를 스카우트하려 하자 해당 팀에 있던 한 코치가 결사 반대했다고 한다. 러닝을 많이 시키지 않는다는 이유로 말이다.

다르빗슈도 본인이 저런 얘기를 해도 훈련 문화가 쉽게 바뀌지 않을 거라는 걸 알고 있을 거라 생각한다. 그래도 이런 인터뷰를 지속적으로 하는 건 현재 야구를 하고 있는 야구계 후배들을 위해서가 아닐까 생각한다.

2019년 하승진 선수가 유튜브에서 국내 농구계를 비판하는 영상을 올려 이슈가 되었다. 이대성, 전태풍 선수도 인터뷰에서 한국 농구는 꼰대 농구라고 많은 비판을 했다. 우리나라 운동선수 문화에서는 힘든 부분이라는 걸 안다. 그래도 기대해본다. 야구선수들 중에서도 이런 말을 하는 선수가 나왔으면 좋겠다. 특히 엄청난 영향을 미칠 수 있는 정말 유명한 선수가 했으면 좋겠다.

직장인들도 마찬가지가 아닐까 생각한다. 죽어라 열심히 일만 하면 결국 얻게 되는 것은 번아웃이고 그로 인해 무기력해지고 일의 능률도 떨어질 것이다. 마찬가지로 삶 속에 일이 있는 것이지 일 속에 삶이 있는 건 아니다.

잘 노는 사람이 일도 잘한다는 말이 있지 않은가. 실제로 내가 대학 다닐 때 선배들이 자주 해주던 말이다. 일이 끝나고 여가 활동도 즐기면서 스트레스 관리를 잘하면 회사 일에 능률도 오를 것이다. 그러니 죽기 살기식보다는 즐거운 삶의 일부분으로 자신의 직업을 마주하는 자세를 가져보는 것이 어떨까.

많은 지시가 좋은 결과를
보장하진 않는다

요즘 골프인구가 많이 늘고 있다고 한다. 소득수준이 높아지면서 자연스럽게 골프가 대중 스포츠로 변화하고 있는 것이 아닐까 생각한다. 골프장에 가면 라운딩 하는 동안 비용을 지불하고 무조건 캐디의 도움을 받아야 한다. 캐디가 하는 일은 보통 클럽을 닦아주고 가져다주고, 골프장에 대한 정보를 알려준다.

예컨대 첫 번째 홀인 1번홀 티박스로 이동하면 캐디가 이야기를 해준다. '왼쪽은 해저드고 오른쪽은 OB입니다. 오른쪽은 보이는 것보다 가 보면 생각보다 넓어요.' 이런 정보를 골퍼들이 티박스에 올라가기 전에 보통 알려준다. 첫 번째 티샷을 하는 골퍼가 티샷을 하기 위해 티를 꽂고, 공을 올려놓은 다음 목표지점을 바라보고 자세를 잡는다.

이때 누군가 장난이든 고의든 시쳇말로 '야지'(야유)를 넣는다. 보통 하는 장난으로는 캐디가 얘기한 정보를 다시 읊어준다. "캐디님, 왼쪽이 해저드에 오른쪽이 OB맞죠?" 이런 '야지'를 들으면 티샷을 준비하는 골퍼는 실수를 한다. 물론 아주 잘 치는 골퍼는 상관없겠지만 말이다.

사실 이 사람은 방금 전에 캐디가 알려준 정보를 다시 얘기한 것뿐이다. 하지만 티샷을 준비하는 골퍼에게는 엄청나게 영향을 미친다.

▌누구나 계획이 ▌있다

우리는 흔히 정보를 전달하면 결과에 좋은 영향을 미칠 거라는 생각을 한다. 하지만 스포츠 현장에서는 그렇지 않다고 생각한다. 야구중계를 보다 보면 대기타석에 있는 선수에게 다가가서 얘기하는 타격코치의 모습을 심심치 않게 본다. 선수들에게 무슨 얘기하냐고 물어보면 '자신 있게 쳐라' '몸 쪽 공 조심해라' '투수가 바깥쪽 슬라이더(투수가 던지는 변화구 중 하나로, 옆으로 휘는 것이 특징) 던지고 체인지업(투수가 던지는 변화구 중 하나로 직구와 비슷하게 오지만 속도가 달라 타자의 타이밍을 뺏을 때 사용하는 구종) 던진다' 등의 많은 정보를 준다고 한다.

하지만 이런 정보들은 당연히 선수가 알고 있는 정보들이다. 게임 시작 전 대부분의 팀들은 전력분석 미팅 시간을 가진다. 그 시간에 상대할 투수에 대한 정보를 전력분석원이나 타격코치가 알려준다. A라는 선수가 던지는 구종, 구종별로 구속은 어느 정도 나오는지 등등. 그런데 이런 정보를 전달했음에도 게임 중 다시 정보를 전달하려고 한다. 거의 모든 팀에서.

선수들은 대기타석이나 더그아웃에서 상대할 투수를 어떻게 공략할지 나름 계획을 세우고 타석에 들어선다. 게임 전 전달받은 정보와 그동안 본인이 상대했던 경험을 토대로 계획을 수립한다. 하지만 그렇게 대기타석이나 더그아웃에서 집중하고 있는 선수에게 지도자들은 또다시 정보를 주입한다. 이럴 때 선수들은 아주 혼란스럽다고 한다.

예를 들면 A라는 투수가 던지는 구종이 직구, 슬라이더, 커브, 체인지업인데, 타자는 예전에 경험해보니 직구 타이밍에 직구와 슬라이더 체인지업을 모두 상대할 수 있다는 확신이 있어 커브는 머릿속에서 지우고 상대하는 계획을 세웠다. 하지만 타격코치가 대기타석으로 와 '직구, 커브, 슬라이더, 체인지업 던지니까 알고 있어'라든지, '커브는 원바운드(땅바닥에 닿고 나서 포수가 잡는 공)가 많으니 조심해'라는 얘기를 한다. 이러면 원래 선수가 세운 계획에 차질이 생긴다. 확률적으로 타석에서 좋은 결과를 내기 힘들어진다. 타격코치들도 선수 시절 이렇게 얘기하는 타격코치들을 보통 싫어했는데 자신들이 코치가 되어서는 왜 그러는 걸까.

예전 한 외국인 선수에게 '우리나라 코치들은 게임 중에 말을 너무 많이 하거나 많은 정보를 계속 얘기하는데 왜 메이저리그 경기를 보면 코치들은 아무 말도 안 하는 거냐'라고 질문한 적이 있다. 대답은 '줘야 하는 정보를 게임 전에 주고받았다고 코치와 선수가 서로 믿는다'는 것이었다.

그때 난 깨달았다. 왜 우리나라 코치들은 정보를 계속 얘기할까? 얘기를 안 하면 불안하기 때문이다. 선수는 불안해하지 않는데, 코치는 하고 싶은 말을 하지 않으면 불안해진다. '타자가 아까 얘기했던 정보를 알고 있을까?' 이 걱정이 많은 말을 하게 만든다. 또한 게임 중 얘기할 정보가 많다는 건 그만큼 게임 전에 해야 할 일을 제대로 하지 않았다는 말이 된다. 지도자의 불안함으로 티샷을 하기 위해 서 있는 골퍼에게 '야지'

넣듯이 우리나라 지도자들이 선수들의 퍼포먼스를 방해하고 있는 건 아닌지 고민해볼 필요가 있다고 생각한다.

물론 코치들의 마음도 이해한다. 단순히 코치들의 불안 때문에 정보를 전달하는 게 아니다. 우리나라에서는 게임 중 선수들에게 얘기하는 모습을 보이지 않으면 구단 프론트에서 난리가 날 것이기 때문이다. "타자가 이렇게 못 치는데 타격코치는 하는 거 없이 왜 맨날 가만히 있냐고."

좋은 코치는 선수들이 물어볼 때까지 기다릴 줄 아는 코치라고 생각한다. 선수들이 필요로 하지 않는 정보는 굳이 전달할 필요가 없다. 만약 처음 가는 골프장에서 캐디가 얘기해준 정보가 생각나지 않으면 티샷하기 전에 다시 묻듯, 선수들도 타석에 들어가기 전 타격코치에게 투수에 대한 정보를 다시 물을 것이기 때문이다.

불안하다고 모든 일을 직접 할 순 없다

직장에서도 마찬가지이다. 어느 정도 직장생활을 한 사람들은 일하는 데 필요한 정보와 프로세스를 알고 있을 것이다. 그럼에도 불구하고 업무를 처리하는 중간중간 '이거는 이렇게 해야 하고, 저거는 저렇게 해야 하는 거 알고 있지?' '이 서류 언제까지 작성해야 하니까 명심해'라고 얘기하면, 그 누구도 신경 써줘서 고맙다는 생각을 안 할 것이다. 알아서 잘 하고 있는데 짜증나게 한다고 생각하지 않을까?

직장에서 PPT 화면을 띄우고 발표를 하고 있는데 슬라이드마다 이런 게 잘못됐고, 저런 게 잘못됐다고 얘기하는 직장상사가 있으면 그 발표가 진행이 되겠는가. 발표하는 사람도 듣는 사람도 내용에 집중하지 못하고 흐름이 계속 끊어지는 상황이 발생할 것이다. 질문할 내용이 있으면 메모해두었다가 발표가 끝난 후 궁금한 점을 물으면 된다. 발표 중간중간 궁금한 점이 있어도 질문을 하지 않는 이유는 발표자가 발표에 집중할 수 있도록 하기 위함이다.

피칭장에서도 마찬가지다. 투구에 대한 조언이 있다면 메모를 하거나 기억해뒀다가 피칭이 끝난 후 대화를 나누면 된다. 하지만 나의 경험상 그렇게 하는 지도자를 많이 보진 못했다. 대부분이 선수의 집중을 깨뜨리면서 집중하라고 지적하는 경우가 많았다.

30개 피칭을 하는 동안 30번 지적하는 지도자의 말을 선수들은 하나도 기억하지 못한다. 그것보다 과제를 다 마친 후 진지하게 하는 조언 하나가 상대방에게는 더 큰 도움이 될 것이다. 즉 많은 조언이 모두 좋은 처방이 되진 않는다는 것이다.

직장에서 발표할 때 슬라이드 하나하나 지적하는 상사나 투구 하나하나 지적하는 야구 지도자들은 왜 그렇게 행동할까? 그저 지금 하고 싶은 말을 하지 않으면 자신들이 더 불안하거나 답답한 상황이기 때문이다. 그들은 상대방의 상황이나 마음이 중요한 게 아니다. 내가 하는 조언과 지적들이 어떤 영향을 미치는지에 더 큰 비중을 두기보다 지금 상황에서 자신들의 감정을 해소하기 위한 목적이 크다.

UFC에서 세계적으로 아주 유명한 그렉잭슨 트레이너가 한 선수의 경기에 참여했다. 그 선수는 상대에게 엄청 많은 타격을 허용하고 있었다. 일반인인 내가 봐도 테이크다운(태클을 하여 넘어뜨리기)을 해야 한다고 생각하고 있었다. 3라운드쯤 끝났을 때 그 트레이너가 50초간 아무 말도 하지 않고 그냥 계속 숨을 깊게 쉬라는 얘기만 하고 선수가 회복하는 데 시간을 쓰고 있었다. 아무런 지시를 하지 않는 게 너무나 이상했다. 보통 그런 상황에서 이런저런 지시들을 많이 하는 것이 일반적이기 때문이다. 다음 라운드 공이 울리기 직전 딱 한마디 하는 것이었다. "테이크다운 해." 순간 왜 이 사람이 세계적인 지도자인지 깨달았다.

하고 싶은 여러 말 중에서도 가장 핵심적인 내용을 가장 적절한 때, 가장 임팩트 있게 전달하는 것, 그것이 결국 가장 높은 효율을 동반한다는 것을 많은 지도자들이 깨닫게 되길 바란다.

야구감독은 마치

비둘기를 손에 쥐고 있는 것과 같다.

너무 세게 잡으면 비둘기가 죽고,

너무 느슨하게 잡으면 달아나버린다.

– 토미 라소다

인맥관리할 시간에
자신의 능력을 키우길

인맥관리에 열심이기로 유명한 A코치가 있었다. 보통 게임 시작 전 코치들은 휴식을 취하거나 데이터를 확인하며 게임 계획을 세우곤 한다. A코치는 이 시간에 제일 바빴다. 연습이 끝난 후 게임 전까지 A코치가 하는 일은 선수들에게 사인볼 받기, 코치들에게 배분된 티켓을 모아 지인들에게 전달하는 일이었다. 물론 항상 그랬던 건 아니지만, 많은 경우 그랬던 건 사실이다.

내게도 선수들의 사인볼이나 티켓을 부탁하는 사람들이 꽤 있었다. 부탁하는 사람들은 사인볼을 구하고 티켓을 마련하는 게 엄청 쉬운 일이라 생각할지 모르지만, 사실 그렇지 않다. 조금 번거롭기도 하고, 선수의 불편한 내색도 견뎌야 한다. 먼저 공을 구매해서 선수들에게 일일이 사인을 받으러 다녀야 하는데, 선수들 입장에서는 당연히 게임 전에 좀 쉬고 싶은데 코치가 부탁하니 안 해줄 수도 없고…. 겉으로 내색하지는 않았지만 그들도 속으로는 꽤나 불편하지 않았을까 싶다.

티켓도 마찬가지이다. 보통 코치들에게 배분되는 티켓이 2장이다. 만약 6명의 손님이 온다면 2명의 다른 코치들에게 부탁을 해야 하고, 그래도 여의치 않으면 선수들에게 일일이 확인해서 남는 티켓을 구해야 한다.

그런데 이런 수고(?)를 A코치는 거의 매일 하는 것이었다. 부탁하는 사람 입장에서는 '나 하나쯤이야' 하겠지만, 사실 부탁받는 A코치 입장에서는 한두 명이 아니다. 그 한두 명이 아닌 사람들을 그는 일일이 다 챙기는 것이다.

이런 점 때문에 A코치의 내부 평판이 좋지 않았던 것도 사실이다. 이에 대해 그에게 조언한 선배들도 있었지만, A코치의 행동은 바뀌지 않았다. A코치에게는 자신에게 부탁해 오는 사람들의 청을 다 들어주는 게 인맥관리의 중요한 부분이고 그게 그의 삶에서 중요한 것이었으리라 짐작해본다.

무조건적인 도움은
바라지도 주지도 말라

사실 나는 사인볼이나 티켓을 부탁받으면서 인간관계를 많이 정리했다. 너무나 당연하다는 듯이 부탁하는 사람도 있고, 티켓 구하기가 어렵다고 얘기해도 막무가내로 요구하는 사람들도 있었다. 특히 포스트 시즌이 되면 생전 연락 없던 사람들까지 티켓 부탁을 해 오기 일쑤였다.

이런 일을 몇 해 겪다 보니 그때마다 받는 스트레스도 적지 않았다. 그래서 인간관계를 조금씩 정리했다. 핸드폰에 저장된 전화번호도 많이 줄었다.

대학에 다닐 때만 해도 나 역시 사회생활에 인맥이 엄청나게 중요하다고 생각했다. 선후배 경조사를 챙기는 것뿐만 아니라, 때 되면 연락해 안부도 챙겼다. 그런데 어느 순간 이렇게 생활하는 게 너무 피곤하다는 생각이 들었다. 사회생활을 하면서 주변 인맥의 도움을 받을 때도 있긴 하지만, 사실 그것도 가만히 들여다보면 무조건적인 도움이 아닐 때가 많았다. 결국 상대도 나에게 필요한 것이 있어서 도움을 주는 경우가 대부분이었다.

사인볼이나 티켓을 부탁하는 사람들을 보면, 그런 때를 제외하고는 1년에 연락 한 번 없는 사람들이 대부분이었다. 특히 내가 먼저 연락할 일은 더더욱 없었다. 일부러 그런 건 아니지만 굳이 그런 인연을 더 이어가기 위해 노력하지 않았다. 그러다 보니 하나둘, 조금씩 인간관계가 정리되기 시작했다.

언젠가 JYP 엔터테인먼트의 프로듀서이자 가수 박진영이 제자 2명과 대화를 나누는 동영상을 본 적이 있다. 인생 선배로서 그들에게 조언하는 영상이었다.

"사람을 사귀는 데 시간을 많이 쓰지 마라. 별로 친하지도 않은 사람들 만나느라 시간, 돈 쓰면서 건강 나빠지지 마라. 인맥을 쌓아야지 성공할 수 있다고 믿는 사람들이 많이 있는데, 결국 사람들은 다 이기적이기 때문에 서로에게 도움이 되어야 도와준다. 인맥을 관리하는 데 시간을 쓰지 말고 그 시간에 자신의 능력을 키우는 데 노력해라. 자신이 무엇을 잘한다면 사람들은 나를 쓸 수밖에 없다."

100% 공감한다. 별로 가깝지도 않은 사람들에게 신경 쓰느라 돈 시간 에너지를 쓸 필요 없다. 지금이라도 가족, 그리고 정말 친한 친구들에게 많은 시간과 애정을 쏟고 남는 시간에 자기계발에 힘쓰는 것이 어떨까.

이런 사람 거리두기 하라
나에게만 관대한 사람

B코치 이야기이다. 누군가 나에게 B코치에 대해 물어오면 내가 즐겨 쓰던 표현이 있다. "B코치가 칭찬하는 야구인을 본 적이 없으며, B코치를 칭찬하는 야구인도 본 적이 없다."

정말로 B코치가 누구를 칭찬하는 걸 본 적이 없다. B코치는 어떤 코치의 능력이 뛰어나다는 기사가 나면 어떻게든 단점을 찾아서 얘기하는 건 기본이고 남이 잘되는 걸 가만히 보지 못하는 성격이었다. 어떻게든 깎아내려야 속이 풀리는지 항상 누군가의 단점을 습관처럼 얘기하고 다녔다.

B코치와 같이 일한 동료들의 가장 큰 불만은 타인에게 까다로운 잣대가 본인에게는 매우 관대하다는 것이었다. 한번은 이런 일도 있었다. 지금은 여름에 반바지를 입고 연습을 하는 게 보편화되어 자연스럽지만 사실 이렇게 되기까지도 꽤 오랜 시간이 걸렸는데, 주장을 통해 반바지를 입고 연습하고 싶다는 건의가 들어와 코칭 스태프 미팅에서 회의를 한 적이 있다. 그 회의에서 B코치는 선수들은 반바지를 입더라도 코치들까지 입는 건 아닌 것 같다는 의견을 냈다. 나머지 코치들이 별 이견이 없어서 선수들만 다음 날부터 반바지를 입고 훈련하기로 했다.

그런데 다음 날 정말 어이없게도 코치들은 정상적으로 유니폼 입자고 했던 B코치 혼자서 반바지를 입고 나온 것이다. 코치들 전부 황당해했지만 원래 그런 사람이니까 그러려니 하며 넘어갔던 기억이 있다.

또한 B코치의 가장 큰 문제는 동료들 간 이간질을 하는 것이었다. 여기서는 이 사람 욕을 하고, 저기서는 저 사람 욕을 하고, 말을 이상하게 전달해 사이가 틀어지도록 만드는 데 아주 특출한 재능이 있는 사람이다.

이런 사람의 특징 중 하나는 집단에서 가장 힘센 사람이 누군지 파악해 그 사람에게는 간이고 쓸개고 다 내어주는 것이다. 자신이 어떤 나쁜 행동을 하고 있는지, 이전에 자신이 어떤 말을 내뱉었는지에 대해서도 책임은커녕 관심조차 없었다. 강자를 항상 자기편으로 만들기 때문에 그가 어떤 행동을 해도 누구 하나 뭐라고 하지 않았다.

강자한테 약한 사람의 전형적인 특징이 또 있지 않은가. 이런 사람은 약자한테는 또 엄청 강하다. B코치는 지방 원정 때 구단 버스가 새벽에 도착하면 어떤 짐도 들지 않고 숙소 엘리베이터에 올랐다. 그래서 B코치의 가방을 누가 들고 오나 지켜봤더니, 고생하는 불펜포수(연습 등의 경우 투수의 공을 받아주는 포수)가 B코치의 가방을 들고 가는 것이 아닌가.

이런 개인적인 심부름을 시키는 코치를 그동안 본 적이 없어서 당시 정말 충격이었다. B코치는 그렇게 사람을 부린 후 종종 술을 사준다고 한다. 밥 사주고 술 사주면, 만사 오케이라는 생각을 기본적으로 가지고 있는 사람인 것이다.

사회생활을 하다 보면 이런 유의 사람을 본 적 있을 것이다. 이런 사람이 없는 조직에 들어갈 수만 있다면 정말 좋겠지만 그건 하늘의 별 따기보다 어려운 일이지 않을까. 하지만 너무 걱정하지 않아도 된다. 사회에서 이런 사람을 만났다면 없던 연기력을 키울 수 있는 절호의 기회일지도 모른다. 이런 사람 앞에서는 그냥 듣기 좋은 말만 해주고 우쭈쭈 해주면 된다. 그러면 아마 다른 곳에서 내 욕을 조금은 덜 할지도 모른다(아마 안 하진 않을 테니 덜 하게라도 만들어야 한다).

그게 어렵다면 다른 방법이 있다. 평소 나는 '똥은 더럽지만 누군가는 반드시 치워야 한다'고 생각해왔지만, 오랜 야구단 경험상 B코치 같은 유의 사람은 무조건 피하는 게 낫다는 결론에 도달했다. 확실하게 치울 수 없다면 그냥 피해서 가자.

이런 사람 거리두기 하라
남 탓하고 핑계 대는 사람   프로 야구단 내에서 선수 그룹을 굳이 나누면 보통 투수와 야수로 나눌 수 있다. 투수 그룹과 야수 그룹은 사이가 좋기도 하고 아니기도 하다.

외부에서 볼 때는 단체스포츠니까 선수들끼리 매우 끈끈할 거라고 생각하기 쉬운데, 어느 집단이든 미꾸라지 한 마리쯤은 항상 있지 않은가. 투수 그룹과 야수 그룹이 사이가 좋지 않았던 때를 돌이켜보면 어느 한 그룹에 편 가르기를 즐기는 선수가 있었다. 납득할 만한 이유도 없는데 꼭 편을 나누는 사람.

C선수는 능력도 출중하고 팬들의 인기도 대단했지만, 내부적으로 인기가 있는 선수는 아니었다. 투수 그룹에서 어린 선수들이 그를 잘 따를지는 몰라도 대부분의 선수들은 C선수를 대할 때 앞뒤가 달랐다.

그 이유는 간단히 말하자면 C선수가 남 탓을 잘했기 때문이다. 아마 그 방면으로는 내가 겪은 선수 중 최고이지 않나 싶다. 보통 투수들은 포수와 사인을 교환할 때 고개를 흔들거나 끄덕여 자신의 의사를 표현한다. 이는 결국 투수가 자신이 던지고 싶은 구종을 선택한다는 것을 의미한다. 본인이 최종적으로 결정해서 공을 던진 것이다. 그러니 타자와의 승부에서 결과도 자신이 책임진다는 마음을 가져야 하는 게 당연하다.

그런데 C선수는 결과가 좋을 땐 괜찮지만, 안타를 맞거나 점수를 주기라도 하면 항상 자신보다 나이 어린 포수를 불러 그때 사인을 잘못 냈다고 얘기했다. 사인을 잘 냈든 잘못 냈든 결국 본인의 선택도 포함된 결과임에도 포수에게 책임을 전가하는 것이다. 아마 C선수와 같은 팀에서 포수로 생활했던 선수는 멘탈갑이 분명하다.

한번은 이런 일도 있었다. C선수가 등판했는데 결과가 좋지 않았다. 그는 마운드에서 내려오자마자 나를 찾았다. 이렇게 나를 찾을 땐 대부분 어디가 아프다고 말한다. 그날도 여지없이 C선수는 어깨가 아프다고 했다.

나는 평소 C선수의 성향을 잘 알고 있었기에 특별한 확인 없이 다음 날 병원에 가 MRI 촬영을 하고 진료를 하자고 했다. 진짜 아프다기보다는 결과에 대한 핑곗거리를 찾는 것일 수도 있다는 생각이 들었기 때문이다. 어쨌든 투수가 어깨가 아프다고 하니 엔트리에서는 제외하기로 결정하고 다음 날 진료를 봤다. 의사 선생님께서는 이렇게 말씀하셨다. "지금까지 엄청나게 많은 투수의 어깨 MRI를 봤지만 내가 본 투수 중 어깨 상태가 최고다."

예상했던 답변을 뛰어넘자 나는 속으로 웃음이 났다. 사실 이런 결과를 어느 정도 예상할 수 있었던 건 전날 경기에서 투구 구속이 떨어지지 않았기 때문이다. 어깨가 아프면 우선 구속이 나오지 않는다. 때문에 어깨에 문제가 없을 거라는 건 충분히 미루어 짐작할 수 있었다.

진료를 마치고 엔트리 제외 사실을 통보받은 C선수는 나에게 전화를 걸어 엔트리에서는 빠지지 않고 하루 정도만 쉬면 될 것 같다고 했다. 하지만 감독이 결정한 부분이라 내가 어떻게 할 수는 없었다. C선수는 잠시 2군에 내려가게 되었다. 그래서인지 이후로는 등판 결과가 좋지 않더라도 아프다는 핑계는 대지 않았다.

사람 마음은 다 비슷할 것이다. 어떤 일의 결과가 좋지 않으면, 핑계를 찾거나 타인에게 책임을 전가하고 싶은 순간을 누구나 한 번쯤 경험해봤을 것이다.

하지만 실제로 그것을 행동에 옮기는 건 다른 문제이다. 결과가 좋지 않을 때마다 다른 사람 탓을 한다면, 누가 함께 일하고 싶겠는가. 설령 기대에 못 미치는 결과를 마주해도 서로 다독여주고, 의지할 수 있어야 다음엔 지금보다 나은 결과를 낼 수 있다. 그렇지 않다면 결과는 반복되는 실패뿐일지도 모른다.

내가 만약 한 조직의 관리자라면, 어떤 일의 결과가 좋지 않을 때 담당자가 깔끔하게 자신의 잘못을 인정하고 책임을 지려는 자세를 보인다면 더 믿음직스러울 것 같다. 그러면 다른 일도 믿고 맡길 수 있지 않을까. 반면에 실수나 실패에 대한 인정과 책임을 외면한 채 계속해서 핑계를 대는 사람을 보면, 그가 그 역할에 맞는 사람인지, 그의 말이 진실인지를 따져보려 할 것이다. 당신이 조직의 리더라도 그렇지 않을까?

결과에 대해 항상 책임질 각오를 가지고, 실패를 인정하면 또 다른 기회가 주어질 것이다. 야구든 인생이든 더 많은 기회를 얻는 것이, 성공으로 가는 지름길이 될 수 있다.

이런 사람 거리두기 하라
입 가벼운 사람

어느 조직을 가도 생각 없이 말 전하는 사람은 꼭 있다. 이런 사람은 정말 멀리해야 한다. 아무 생각 없이, 심지어 특별한 이유도 없이 그냥 습관처럼 입이 근질근질해서 말을 전하는 사람도 있고, 그냥 전달하는 걸로도 모자라 자신의 감정까지 보태어 왜곡해 전달하는 사람도 있다. 어떤 의도나 목적이 있었다면 모를까, 정작 말을 전하는 본인은 악의가 없었으니 괜찮다고 생각하는 경우가 많아, 반복되는 것은 물론 더 큰 피해를 줄 때가 많으니 정말 문제다.

트레이너실을 찾는 선수들의 대부분은 치료를 받기 위함이지만 마음 터놓고 얘기할 데를 찾아서 오는 경우도 있다. 개인적으로 그런 사람이 되기 위해 노력했는데, 그 덕분인지 선수나 코치들이 나를 자주 찾았다. 따로 1 대 1로 이야기를 나눌 만한 공간이 없어 치료실이나 트레이너 사무실에서 대화를 나눌 때가 많았는데, 그럴 때면 함께 일하는 트레이너들도 자연스레 같이 이야기를 듣게 되었다.

어느 날은 A코치가 나를 찾아와 하소연을 했다. 이때 C트레이너도 같이 있었는데, 주된 내용은 B코치에 대한 불만이었다. A코치는 한참을 얘기했고, 나는 그의 마음에 공감해주며 이 문제를 어떻게 도와줄 수 있을지 고민했다. 내가 중간에서 조율을 할 수 있는 문제인지, 만약 조율을 한다면 어떻게 해야 할지 등을 말이다. 만약 내가 개입할 수 없는 문제라면 그냥 A코치의 하소연만 들어주면 되는 것이다.

그런데 며칠 후, 또 다른 D코치가 나를 찾아와 하는 말이 B코치가 그에게 트레이너실에서 자신에 대한 말이 나온다고 했다는 것이다. B코치가 어떻게 알았을까?

곰곰이 생각해보다가 C트레이너를 불러 B코치에게 그런 얘기를 한 적이 있냐고 물어보니 그렇다고 답하는 것이었다. 이 트레이너는 자신의 행동이 어떤 결과를 불러오는지 예상하지 못하고 그냥 말을 전한 것이라 했다. 괜한 분란만 만든 꼴 아닌가. 이렇게 되면 어떤 선수나 코치가 우리를 찾아와 고민을 상담하고 편하게 이야기를 할 수 있겠는가.

만약 심리상담센터에 가서 고민을 털어놓았는데 그 센터 사람이 내 상담 내용을 주변 사람들에게 이야기하고 다니면 기분이 어떻겠는가. 나는 C트레이너의 행동을 도무지 이해할 수가 없었다. 그 일이 있은 후 C트레이너가 있을 때는 업무 내용 외에는 아무 얘기도 할 수 없었다. 시간이 지난 후 그 트레이너는 이렇게 얘기했다고 한다. '자기가 사무실에 있을 때 내가 말을 하지 않아 힘들다'고. 그는 상황이 그렇게 된 원인이 어디에 있었는지 전혀 생각해보지 않은 모양이다.

내가 아는 사람 중 한 팀에서 오랫동안 일을 했는데도 불구하고 파트에서 중요 직책인 헤드 트레이너를 맡지 못하는 사람이 있다. 헤드 트레이너가 여러 번 바뀌었지만 구단은 그 트레이너에게 단 한 번도 책임자의 역할을 주지 않았다. 얼핏 보면 능력을 인정받지 못하는 것처럼 보이지만, 그 트레이너가 구단에서 잘리거나 2군을 내려가는 일도 없었다.

나는 혹시 다른 이유가 있어 구단에서 그를 팀에 계속 두는 것이 아닐까 생각한 적이 있다. 앞서 C트레이너가 트레이너실에서 일어나는 일을 다른 코치에게 전하듯, 현장에서 일어나는 여러 일들에 대한 정보 창구의 역할로 이 사람을 쓰고 있는 건 아닐까 하고 말이다.

만약 그것이 사실이라면 그 사람은 전문가로서 자신의 능력을 인정받기보다는 고위층이 원하는 부분을 긁어주며 예쁨 받기를 원하는 사람일 것이다. 이런 사람과 같이 일하면 어떤 불편함이 있을지 짐작이 가지 않는가?

조직 구성원들을 이간질하고 자신의 업무보다는 잿밥에 관심 많은 사람은 가까이 두지 않는 것이 좋다. 왜냐하면 다른 사람들이 나를 그와 같은 부류의 사람으로 평가할 가능성이 높기 때문이다.

▌이런 사람 거리두기 하라
▌무사안일주의자

미국 메이저리그 LA다저스에 무키 베츠라는 선수가 있다. 현재 메이저리그 최고의 외야수 중 한 명으로 평가받고 있다. 2020년에는 LA다저스와 12년에 3억 6,500만 달러에 계약한 선수이다. 고교 시절 베츠는 일반인과 크게 다를 바 없는 175cm, 68kg의 체구로 선수치고는 왜소하여 저평가를 받았으며 5라운드 전체 172순위로 보스턴레드삭스에 지명을 받게 된다.

베츠가 고등학생 때, 어느 날 보스턴 스카우트가 학교로 찾아와 그에게 노트북을 펼쳐 보이며 설치된 한 게임을 해보라고 했다. 이 게임이 무엇이었을까? 타자로서 투수가 던진 공을 좀 더 빨리 예측할 수 있는지 알아보는 게임이었다.

투수가 던진 145km 속도의 공이 타자에게 도달하는 데는 대략 0.4초 정도의 시간이 걸린다. 그리고 어떤 구종의 공이고 어떤 궤적을 그릴지 판단하는 데는 0.25초가 걸린다고 한다. 정말 찰나의 순간이다. 과학적으로 가장 설명하기 힘든 게 아주 빠른 투수의 공을 쳐내는 타자의 능력이라는 말이 나올 정도다.

보스턴레드삭스는 위 게임을 통해 무키 베츠의 능력을 확인하고 원래 계획이었던 12라운드까지 기다리지 않고 5라운드에서 그를 지명한다. 이후 결과는 앞서 말한 FA 계약 규모를 보면 알 수 있다.

이 뉴스를 접하고 나는 해당 게임에 많은 관심이 생겼다. 선수의 능력을 평가할 수도 있고, 게임을 통해 능력을 향상시킬 수 있으면 좋을 것이라 판단했다. 국내에서 쉽게 구할 수 있으면 좋았겠지만 당시에는 내가 더 알아볼 방법이 없었다.

그러던 어느 날 팀 성적 향상에 고민이 많으신 회사 대표님이 점심식사 자리를 마련해, 이런저런 팀 발전 방향에 대해 얘기를 나눌 수 있게 되었다. 그때 내가 무키 베츠 관련 이야기를 전했다. 대표님은 관심을 보이며 해외업무를 담당하는 직원에게 얘기하겠다고 했다. 뭔가 새로운 방법을 시도하는 것에 대한 설레임까지 엿보였다.

그런데 이 일은 몇 시간이 지나지 않아 없던 일이 되어버렸다. 그 해외업무를 담당하는 팀장이 '왜 쓸데없는 말을 해서 일을 만드냐'며 나를 찾아와 나무라는 것이었다. 구단 직원들과 트러블을 일으키기 싫었던 나는, 그럼 국내에서는 구하지 못하는 걸로 하자며 말을 맞추기로 했다. 해당 팀장과 적대적인 관계가 되지 않기 위한 선택이었지만, 너무나 아쉬웠다. 그 게임을 구할 수 있는지, 가격은 얼마인지 알아볼 수나 있었으면 좋았을 텐데 말이다.

내가 고등학교에 다니던 때에는 '아나공'이라는 수업 모델이 보편화되어 있었다. 체육물품 창고 키를 반장에게 전해주면 각자 좋아하는 스포츠를 끼리끼리 모여 하는 체육 시간을 아나공 수업이라고 한다. 이 방법도 하나의 수업 모델로 교과서에 나올 정도이니 나름의 효과는 있을 것이다.

하지만 학생들에게 조금 더 나은 수업 환경을 만들어주고 싶어서 여러 수업을 개발하고 발전시켜나가는 체육교사도 있다. 학생들이 평상시에 접하기 힘든 종목으로 수업을 하거나 방과 후 활동을 기획하거나, 학교에 새로운 운동부를 창단하려고 기획하는 체육교사도 있다.

그런데 이런 스타일의 교사들을 주변에서는 좋아하지 않는다. 특히 아나공 수업을 좋아하는 교사들은 자기와 비교되니까 싫어한다. 후배 교사들로서도 일거리가 늘어나 싫다는 경우가 많다고 한다. 학생들을 위한 일인데도 불구하고 일이 많아진다는 사실을 더 불편하게 생각하는 것이다.

주위를 둘러보자. 일반 회사에도 이런 사람은 꼭 있다. 조용히, 아무런 생각 없이 주어진 일만 하며 무난히 지내고 싶어하는 사람들 말이다. 이런 사람이 많으면 그 조직의 미래는 불 보듯 뻔하다고 생각한다.

그런 생각과 행동을 하는 사람은 열심히 하고자 하는 나의 의지까지 쉽게 꺾고 왜곡할 가능성이 높다. 그러니 관리자 위치에 있는 사람이라면 이런 직원들을 구분해낼 줄 아는 능력이 필요하다. 만약 회사에 이런 동료가 있다면 거리를 두는 편이 좋지 않을까. 그게 회사를 위하고 자신도 롱런할 수 있는 길일 것이다.

이런 사람 거리두기 하라
약자에게 강한 사람

개인적으로 싫어하는 사람의 유형을 꼽으라면 강자한테 약하고 약자한테 강한 사람들이다. 강자한테 비굴하게 구는 건 어느 정도 이해할 수 있는데, 이런 사람들이 약자를 대하는 태도를 보면 나로서는 이해하기도 어렵고 그 사람이 어떤 사람인지 정확히 알 수 있는 것이다.

그런 의미에서 전체에게 울림이 큰 메시지를 주고 싶을 때는 남이 아닌 나의 잘못으로, 약자보다는 강자에게 강한 태도가 훨씬 진정성이 있다고 생각한다. 그렇지 않다면 당신은 조금 비겁한 사람일지도 모른다.

한번은 게임 중 내 눈에는 이유를 알 수 없는 선수 교체가 있었다. 백업 선수가 3볼 1스트라이크 상황에서 하이볼에 헛스윙을 했다. 가만히 있었으면 볼넷으로 출루할 수 있었는데 결국 삼진을 당하고 만 것이다. 그 타석이 끝난 후 해당 선수는 게임에서 빠졌다. 그날 밤 감독과 술을 마시게 되어, 게임 중 선수 교체 이유를 물었다. 아픈 것도 아니었는데 말이다. 감독은 3볼 1스트라이크에서 헛스윙을 하고 결국 삼진을 당했기 때문에 이런 식으로 야구를 하면 안 된다는 메시지를 선수단 전체에 주고 싶었다고 했다.

난 이렇게 말씀드렸다. '감독님의 의중은 이해하지만 이건 잘못된 방법 같다. 아무 힘도 없는 2군 선수를 통해 전체 선수들에게 전해지는 메시지는 없다. 이럴 경우 선수들은 감독님이 힘없는 선수한테 화풀이 한다고 생각할 것이다. 감독님의 메시지가 효과가 있으려면 4번 타자가 똑같은 행동을 했을 때 일관되게 보여주시면 가능하다'고.

주전 선수에게 그렇게 할 수 없다면 힘없는 2군 선수들한테는 더욱 그러면 안 된다고 생각한다. 그건 단지 그 순간 감정을 컨트롤 하지 못한 감독의 변명 아닐까.

다른 팀에서는 이런 일도 있었다고 한다. 박빙의 승부에서 백업 역할을 하는 신인 선수의 실책으로 끝내기 패배를 했다고 한다. 게임이 끝난 후 감독은 선수들을 불러 모아 그 신인 선수를 콕 짚어 이렇게 얘기했다고 한다. "오늘 게임은 너 때문에 진 거다!"

이런 일이 있을까 싶겠지만 실제로 왕왕 일어나는 일이다. 이 감독은 앞의 감독과 마찬가지로 전체 선수들에게 임팩트를 주고 싶었을 것이다. 하지만 내가 보기에 이건 그냥 화풀이일 뿐이다. 어린 선수의 마음을 보듬어줘도 모자랄 판에 전체 선수들 앞에서 문책이라니. 아마 이 선수의 자존감은 바닥으로 떨어지고 이 일이 트라우마로 남았을지도 모른다. 모르긴 몰

라도 이 감독은 그 자리에 있던 나머지 선수들로부터 꽤나 신
뢰를 잃었을 것이다.

야구단에서 힘없는 파트 중 하나가 내가 있는 트레이닝 파
트이다. 물론 모두가 그런 것은 아니지만 선수들이 야구선수
출신 코치들을 대하는 것과 트레이너들을 대하는 것에는 조
금 차이가 있다. 지인 중 한 분이 나에게 B구단의 C선수에 대
해 물어본 적이 있다. 난 개인적으로 그 선수를 잘 모르지만
그 팀 트레이너가 얘기하는 걸 들은 적이 있어 이렇게 답했다.
"야구단에서 힘없는 트레이너가 좋게 얘기하는 것을 보면 좋
은 선수라 생각됩니다."

선수들이 반짝 스타가 되었다가 갑자기 사라지는 경우가 왕
왕 있다. 내가 겪은 반짝 스타 선수들은 대부분 스타가 된 후
행동이 변했다. 백업 선수일 때는 분명 그렇지 않았는데 주전
선수가 되고 난 후에는 예의 없는 모습을 보여줬다. 특히 트레
이너실에서 하는 행동이 달라졌다. 자신이 볼 때 약자라 생각하
는 사람들에 대한 태도가 달라진 것이다. 이런 선수들은 여지
없이 주전 자리를 오래 차지하지 못하고 금방 사라지고 만다.

이처럼 사람의 본성은 힘이 생겼을 때 약자를 대하는 태도
를 보면 금세 알 수 있다.

유격수가 실책을 했다면

나에게 책임이 있다.

타자가 공을 치게 만든 사람이

나이기 때문이다.

— 페드로 마르티네즈

자꾸만 기본기를
강조하는 진짜 이유

유소년 감독에게 야구선수에게 가장 중요한 게 무엇이냐고 물으면 대부분 '기본기'라고 답할 것이다. 중학교, 고등학교, 대학교 감독에게도 같은 질문을 하면 같은 대답이 돌아올 거라 생각한다. 프로는 다를까?

별반 다르지 않은 것 같다. 기본기는 말 그대로 기본 중의 기본이기 때문에 가장 중요하다고 말할 것이다. 프로 야구선수들 중에도 '기본기가 부족하다'는 평가를 받는 선수들이 많다. 프로 입단 전까지 야구 못한다는 소리를 들은 적이 없던 선수들이 프로만 오면 기본기가 없다는 소리를 듣는다. 그렇다면 그 선수를 스카우트한 스카우터와 프론트 직원은 전부

사표를 써야 하는 거 아닐까. 어떻게 기본기도 없는 선수를 큰 계약금까지 쥐가며 스카우트할 수가 있는가.

질문을 조금 바꿔서, 각 레벨의 지도자에게 지금 선수들에게 가장 강조하고 싶은 게 무엇이냐고 묻는다 해도 십중팔구 기본기라고 대답할 것이다.

▌가장 쉬운 답이
▌가장 좋은 답은 아니다

그렇다면 여기서 의문이 든다. 이렇게 모든 지도자가 기본기를 강조하는데 왜 아직도 기본기가 부족한 걸까? 기본기가 부족하다는 말을 왜 이렇게 자주 들을 수 있는 걸까?

내가 내린 답은 둘 중 하나다. 기본기는 향상되는 게 아니거나, 모든 선수들이 기본기가 충분히 있거나. 나는 모든 선수들이 기본기를 갖추었다고 생각한다. 선수들은 자연스레 공을 던지고 받고, 수비를 할 때는 자세를 낮추고, 타격을 할 때는 기본적인 타격의 순서대로 움직인다.

그런데 왜 이토록 기본기를 강조하는 것일까? 혹 야구를 못하면 그냥 기본기가 없다고 치부해버리는 것 아닐까. 선수가 야구를 못하는 이유, 다시 말해 좋은 결과를 내지 못하는 이유는 수십 수백 가지이겠지만, 지도자로서 무슨 말이라도 해야겠다 싶을 때 가장 손쉬운 대답이 '기본기가 없다'인 것은 아닐까.

내가 생각하는 야구는 다른 스포츠와는 다르게 실패가 많은 종목이다. 그래서 보통 야구를 '실패의 스포츠'라고 부른다. 좋은 타자란 보통 0.300 즉 3할을 기준으로 이야기한다. 좋은 타자 즉 3할 타자는 7할은 실패했다는 걸 의미한다. 흔히 말하는 좋은 타자조차도 7할의 실패가 너무나 당연한 것이다.

실패의 원인은 무수히 많다. 멘탈 문제, 체력 및 컨디션 문제, 기술적인 문제 등등이 있다. 우리는 항상 기술적인 문제에서 실패의 원인을 먼저 찾기 때문에 기본이 안 되어 있다는 평가를 내리는 것이 아닐까. 관성처럼.

실패의 원인을 찾을 때 선수의 현재 마음 상태가 어떤지, 몸에는 이상이 있는지 없는지, 컨디션은 정상인지, 혹은 가정에 문제가 있어 야구에 집중할 수 없는 상태인지 등이 우선시되어야 하지 않을까. 원론적인 얘기만 반복해서는 소용이 없다. 또한 기술적인 문제는 그다음이라고 생각한다.

2006년 신인으로 당시 현대유니콘스에 입단한 강정호 선수는 2차 1번으로 지명받으면서 박진만의 뒤를 이을 유격수라는 기대를 받고 있었다. 하지만 2006년 시즌이 시작하고 10게임,

21타석 만에 2군행을 통보받았다. 당시 여러 야구인들이 강정호는 유격수로는 안 된다고 했다. 풋워크(기본이 되는 발의 움직임)가 안 좋아서 유격수로서는 가능성이 없다는 얘기였다.

세월이 흘러 2014년 시즌 중 (이때만 해도 강정호의 미국행은 거의 확정된 분위기였다) 내가 강정호 선수에게 이렇게 물었다. 8년 전만 해도 유격수로는 절대 안 된다는 평가를 받았는데 내년에 유격수로 메이저리에 가지 않느냐면서 그때와 비교해 기술적으로는 어떤 부분이 좋아졌느냐고 말이다. 그의 대답은 '기술은 고등학교 때나 똑같다'는 것이었다. 단지 달라진 것은 유격수로 게임을 계속 나가면서 자신감이 생기고, 몸이 좋아지고 힘이 붙으니 잘하게 되었다는 것이었다. 당시 나도 비슷한 생각을 하고 있었지만 강 선수가 직접 그런 대답을 할 줄은 몰랐다.

선수들 중에 코치나 감독으로부터 좋지 않은 평가를 받고 있는 선수들이 많을 것이다. 그런 부분을 메우기 위해 많은 연습을 하고 엄청난 노력을 하고 있을 것이다. 그런데도 불구하고 비슷한 평가를 계속 받고 있고 실력이 정체되고 있다는 생각이 든다면, 생각을 조금 달리 해보길 바란다. 과연 현재 부족한 부분이 무엇이며, 그 부분을 채우기 위해 다른 방법은 없을지를 말이다.

우리가 어떤 일을 할 때 결과를 먼저 생각하게 되면 부정적인 생각이 쉽게 떠오른다. 이 생각이 꼬리를 물어 걱정을 하게 되고 지금 하는 일에 집중을 못하게 되는 것이다. 그러면 마음은 조급해지고 퍼포먼스에 좋지 않은 영향을 준다. 평소에는 잘하다가 중요한 순간 결과를 못 내는 사람들의 특징이 이것 아닐까.

결과를 먼저 생각하지 말고 지금 하는 일에 집중하면 자신들이 가진 능력을 온전히 보여줄 수 있을 것이다.

엄한 데 애쓰지 마라

야구 시즌 종료 후 스프링 캠프가 시작하기 전, 가장 많이 나오는 스프츠 기사가 뭘까? 선수들의 다이어트 관련 기사다. 그동안 나는 관련 기사를 스크랩해놓고 다른 팀 선수들의 몸무게 변화를 확인하기도 한다.

보통 지도자들은 선수들의 능력이 떨어지거나 시즌 결과가 나쁘거나 하면 살이 쪄서 그렇다며 다이어트를 지시한다. 몸 상태를 예전의 좋았던 때로 되돌려야 한다는 것이 그 이유이다. 얼핏 들으면 맞는 얘기 같지만 어쩐지 나는 잘 이해가 되지 않았다.

한번은 같이 일하던 투수코치가 결연한 표정으로 트레이너실에 찾아와서는 A선수의 몸무게를 물었다. 그래서 주기적으로 체크하는 인바디 기록지를 보여줬다. A선수는 기록지상 근육량이 늘어 전체 체중이 늘어 있었다. 그런데도 불구하고 이 투수코치는 A선수가 살을 빼야 한다며 선수가 살이 찐 것이 트레이너 잘못이라는 뉘앙스를 덧붙였다. 난 이렇게 얘기했다.

"코치님께서 이 선수가 살을 빼서 야구를 잘한다는 확신이 있으면 선수를 설득하세요. 이 선수가 살을 빼겠다는 마음을 먹으면 제가 방법을 알려주겠습니다. 하지만 저는 살을 빼면 야구를 잘한다는 확신이 100% 없으니 강요할 수 없습니다."

이런 식의 책임 떠넘기기는 심심치 않게 일어난다. 흔히 트레이너가 러닝을 몇 개 더 시키고 운동 좀 더 시키면 살이 빠질 거라고 생각한다. 하지만 트레이너가 선수에게 24시간 붙어서 먹는 걸 다 감시할 수는 없는 노릇이다. 밤에 집에 가서 뭘 먹는지도 알 수 없는데 말이다.

사실 A선수는 입단한 이후 5년간 투수코치의 지시로 다이어트를 했는데, 다이어트를 하지 않은 1년을 제외하고는 매년 살이 찌고 있었다. 이상하지 않은가. A선수는 왜 다이어트를 할 때마다 살이 계속 쪘을까? 다이어트가 끝난 이후의 요요 현상으로 그전보다 살이 더 늘어났기 때문이다. 전 세계 다이어트 인구 중 다이어트에 성공하는 비율은 6%밖에 안 된다고 한다. 나머지는 요요현상으로 더욱 고통받고 있다는 것이다.

지도자들이 다이어트를 하라고 하면 선수들은 거의 대부분 안 먹기 시작한다. 안 먹으면 단기적으로는 수분과 근육량이 빠져 체중이 빠질 수는 있다. 하지만 목표치에 도달한 후 원래 먹던 양을 먹으면 금방 요요가 오게 된다.

이 요요를 피하려면 먹는 양을 계속 적게 먹든지, 운동량을 계속 많이 유지하는 방법이 있다. 그런데 스프링 캠프부터 시작해 시즌 144경기를 치르기 위해서는 그렇게 할 수가 없다. 그래서 시즌이 끝날 때쯤이 되면 체중이 원래대로 돌아가는 것이다. 각 팀에서 가장 먼저 떠오르는 살찐 선수들의 신인 때 사진을 검색해보라. 그런 다음 그 선수들 이름과 체중감량이라는 단어를 함께 검색해보라. 아마 매년 다이어트를 하고 있을 것이다.

그래서 나는 선수들에게 그런 스트레스를 주면서 여러 사람 에너지 낭비하지 말자고 주장했다. 앞에 얘기한 A선수 이야기로 다시 돌아가보자. 그는 지난 5년간 야구에 집중하기가 힘들었을 것이다. 야구 자체보다 다이어트를 하는 데 훨씬 더 많은 에너지를 쏟았을 것이기 때문이다. 다이어트라도 잘되었으면 억울하지라도 않을 텐데…. 그 5년은 이 선수의 인생에서 정말 아까운 시간으로 기억될 것이다.

┃ 게으른 원인 파악이
┃ 가져오는 문제

시즌 중 타격 슬럼프가 오면 나를 찾아오는 선수들이 종종 있다. 타격이 잘 되지 않는데 왜 선수생활을 한 번도 해보지 않은 나에게 조언을 구하러 올까? 아마도 다른 곳에서는 속 시원한 답을 듣지 못했기 때문이 아닐까.

나를 찾아온 선수에게 나는 오히려 이렇게 물었다. "왜 그런 거 같아?" 선수가 뭐라고 답을 하면 "그건 또 왜 그런 거 같아?"라고 연이어 물어본다. 이렇게 질문을 반복하다 보면 선수들이 자신의 문제점을 스스로 찾아 얘기하는 순간이 온다.

그런 다음 그 원인을 해결할 방법을 같이 고민한다. 이 과정이 중요하다. 선수가 생각하는 원인을 파악해야 그다음 처방을 선수가 받아들이기 쉽기 때문이다. 그래야 결과도 좋다.

나를 찾아온 선수들과 얘기를 나눠보면 타격이 좋지 못한 이유는 대부분 타석에서 생각이 많다거나 몸이 피곤하기 때문이다. 그러면 타석에서 왜 생각이 많은지, 생각이 많아지게 하는 원인은 무엇인지를 찾아 해결해주려고 한다. 또 몸이 피곤하다면 그 원인이 무엇인지를 찾아 해결해준다. 그것이 지도자의 역할이라고 믿는다.

2018년 정현 선수는 이런 인터뷰를 했다. 이지풍 코치의 합류가 도움이 되고 있냐는 질문에 '멘탈적으로 기가 막히신 분이다. 돗자리 펴야 한다(웃음). 그리고 엄청 긍정적이시다. 어떻게 저런 생각을 하시지 하고 감탄할 때가 많다. 정말 최고의 답변이 돌아온다. 성격이 밝으신데다 편하게 장난처럼 툭툭 던져주기 때문에 선수들도 그런 에너지를 받는다'고 말이다.

사실 그때 당시는 이런 인터뷰를 한 줄 몰랐는데 우연히 얼마 전에 알게 되었다. 내가 정현 선수에게 어떤 얘기를 해서 멘탈적으로 도움을 줬는지 기억나지 않는다. 난 그저 선수들 마음을 편안하게 해주고 싶다는 생각을 항상 가지고 있었고, 그동안 선수들이 들어보지 못한 얘기를 해주려고 노력했을 뿐이다.

한번은 정현 선수가 방에 찾아와 배팅을 할 때 손목을 쓰지 말라는 지적을 받는데 방법을 알려주는 사람이 없으니 어떻게 해야 하냐고 물은 적 있다. 연습 방법 한 가지를 알려주니 그는 밝게 웃으며 방을 나갔다. 그 방법이 얼마나 효과적인지는 중요하지 않다. 이런 얘기를 해주는 사람이 없다는 현실이 안타까울 뿐이었다.

위 얘기는 물론 내가 해주는 얘기는 정말 아무것도 아닌데, 내 말이 이렇게까지 마음을 편하게 해줬다는 건, 그동안 이런 얘기를 해주는 사람이 없었다는 얘기가 아닌가. 나의 사소한 말 한마디가 아무렇지도 않게 들리는 때가 언젠가는 오리라 믿는다.

2014년으로 기억하는데, 당시 내가 있던 넥센히어로즈가 2차 전지훈련으로 오키나와에 갔을 때의 일이다. 박병호 선수가 슬럼프 아닌 슬럼프에 빠져 있었다. 시즌 시작 전이라 크게 신경 쓰지 않아도 되는 시기일지라도 박 선수는 아마 많은 스트레스를 받았을 것이다. 당시 타격코치였던 허문회 코치에게 내가 물었다. "코치님! 병호는 무슨 문제예요?" 그러자 너무도 간단하게 문제점을 바로 말하는 것이었다. 그래서 나는 "근데 왜 얘기 안 해주세요?"라고 재차 물었다. 그러자 허 코치는 '지금은 내가 얘기해줘봐야 듣지 않을 가능성이 높다. 본인이 이것저것 다 해보고 찾아오면 그때 알려주면 된다'고 하는 것이었다.

맞는 얘기였다. 사람이 아파야 병원을 가듯, 본인이 문제라고 생각하지 않을 수도 있는데 이래라저래라 해봐야 별 도움이 되지 않을 것이기 때문이다. 흡연자에게 백날 담배 끊으라고 해도 잘 못 끊지 않는가. 의사가 다음 달에 폐암 걸린다고 얘기하면 담배를 끊을 것이다.

팀 전체적으로 타격 성적이 좋지 않을 때 코칭 스태프 회의를 한 적이 있다. 그럴 때 대부분 타순을 조정하자는 얘기를 한다. 그때마다 나는 살짝 반기를 든다. '팀 전체가 3안타를 치는데 타순을 바꾼다고 점수가 나는 게 아니지 않냐'고. '타격이 왜 슬럼프이고 선수들이 전체적으로 왜 컨디션이 떨어져 있는지 원인 파악을 하는 것이 우선인 듯하다'고 말이다.

단순하게 생각해도 1번 타선에서 치던 선수가 9번에 간다고 갑자기 잘 칠 수 있는 게 아니지 않는가. 만약 팀이 15안타를 쳤는데 점수가 안 나서 타순을 조정해 점수가 가장 많이 날 수 있는 방법을 고민한다는 건 이해가 되지만, 전체적으로 안타율이 떨어질 때 타순 변경이 어떤 도움을 줄 수 있는지 잘 모르겠다. 이런 경우가 원인 파악을 게으르게 하는 대표적인 케이스라고 생각한다.

또 다른 게으른 원인 파악의 대표적인 예가 1군 선수를 빼고 2군 선수를 기용하는 것이다. 1군 선수의 부진 원인을 파악하는 것이 장기적으로 도움이 될 텐데, 그 과정을 생략하고 단순하게 선수를 바꿔버리는 것이다. 물론 이런 대처가 도움이 되는 경우도 있겠지만 1군 선수의 부진 원인이 심리적인 문제라면 2군을 다녀온 뒤 더 큰 심리적 압박을 느낄 수 있기 때문에 좋지 않은 결과가 나올 가능성이 높다.

《인사이드 게임》의 저자 키스 로는 책에서 이렇게 말한다. "3할 타자란 정확히 10타석마다 안타 3개씩을 치는 타자가 아니라 1,000타석에 들어오면 약 300개의 안타를 치는 타자다." 덧붙여 '그러므로 감독은 선수 기용 방법을 지난 몇 경기 혹은 몇 주 동안의 성적에 의존해 결정하면 안 된다'고 말한다. 가장 최근의 데이터 대신, 시즌 전체 혹은 지난 시즌까지 포함해 더 긴 시간의 데이터를 근거로 해야 한다고 강조한다. 그러면서 최근 데이터의 잡음을 제거하고 더 큰 샘플의 데이터를 중시하는 게 교과서적이라고 옹호하고 있다.

이렇듯 현상의 원인을 제대로 파악하고 정확한 원인을 찾는 게 매우 중요하다. 너무 쉽게, 아주 게으르게 해결책을 찾으면 몸과 마음이 편한 만큼 나중에 더 큰 고통이 찾아올 것이다.

앞서 말했듯이, 3할 타자도 7할의 실패는 당연하다. 그렇다면 엄한 것을 탓하고 게으르게 해결책을 찾을 바에 그냥 아무렇지 않게 받아들이는 것은 어떨까. 7할의 실패에는 너무도 많은 이유들이 있기 때문이다. 7할의 실패 원인을 어찌어찌 잘 찾아낸다 해도 아무나 4할 타자가 될 수는 없다. 야구는 그런 종목이다. 이 7할의 실패를 받아들이지 못하고 원인을 집요하게 계속 찾다가 슬럼프가 길어지는 것은 아닐까.

▌성공과 운

야구에는 '치고 달리기'라는 작전이 있다. 주자는 무조건 도루와 같은 스타트를 하고 타자는 무조건 투수가 던지는 공을 치는 작전이다. 이 작전이 성공하려면 필요한 여러 조건이 있다. 먼저 타자가 칠 수 있는 범위에 투수가 공을 던져야 하고, 타자가 친 공은 수비수가 잡을 수 없는 지역으로 가야 한다. 이 작전을 수행해도 파울이 나는 경우도 많고, 플라이볼이 되어 주자가 다시 귀루해야 하는 상황도 많다.

이 작전의 성공에 가장 중요한 요소가 난 '운'이라고 생각한다. 필요조건들이 동시에 맞아떨어져야 하고, 타자가 친 공이 수비수가 없는 곳으로 가기 위해서는 운이 많이 작용하기 때문이다. 야구에서 하나의 작전에 운이 작용하듯이 인생에서도 성공과 실패에는 운이 많이 작용한다고 나는 믿고 있다. 노력이 반드시 전제되어야겠지만, 운을 무시할 수는 없는 것. 그렇다면 이런 운이 나를 찾아오게 하기 위해서는 무엇을 하면 좋을까.

　나는 야구선수들에게 이런 운이 오도록 하기 위해서는 평소에 착하게 살라고 강조해왔다. 타자들이 친 공을 수비수가 없는 곳으로 보내고, 투수가 허용한 타구가 수비수 정면으로 가도록 하기 위해 정해진 방법은 없기 때문이다. 출퇴근 운전할 때 신호 잘 지키고, 양보운전을 하고, 야구장에서는 주변 사람들에게 잘하고, 눈에 보이는 쓰레기들을 주우라는 것 등이 착하게 사는 방법이다. 이렇게 하면 하늘이 도와줄 것이라고 덧붙인다.

　정말 말도 안 되는 이야기로 들릴 수도 있다. 사실 그렇다. 신호 좀 지키고, 쓰레기 좀 줍는다고 성공할 수 있다면 성공이 얼마나 쉬운가. 하지만 내가 이런 이야기를 하는 이유는 성공이 나의 능력만으로 되는 것이 아니니, 실패도 내 능력이 부족해서라며 자책하지 말자는 뜻이다. 이렇게 믿고 있으면 어떤 일을 수행할 때 결과에 대한 부정적인 생각을 조금은 줄일 수 있다고 생각한다.

　이지성 작가의 《꿈꾸는 다락방》이라는 책에 R=VD라는 말이 나온다. Realization=Vivid Dream, 즉 생생하게 꿈꾸면 이루어진다는 뜻이다. 부정적인 생각을 버리고 긍정적인 생각

최선을 다하고

나머지는 잊어라.

– 월터 앨스턴

을 많이 하면 현실화될 확률이 높아진다. 그러기 위해서는 평소에 여유를 가지고 남을 배려하며 선한 행동을 많이 하면 되는 것이다.

성공은 당신의 능력보다 당신이 가진 긍정적인 생각에 훨씬 더 관심이 많을 것이다. 그러니 좋은 생각, 좋은 태도를 유지한다면 혹시 또 모를 일이다. 모든 조건들이 딱 맞아떨어지는 운좋은 날들을 이래도 되나 싶을 정도로 자주 만나게 될지.

당신에게 필요한 체력은
무엇입니까

야구 시즌을 치르다 보면 체력에 대한 얘기들이 많다. 특히 여름철이 되면 모든 감독들이 체력관리, 체력향상을 강조한다. 체력은 어떻게 관리할 수 있을까?

보통 '체력'이라 하면 우리는 '지구력'을 생각한다. 오래 달릴 수 있어야 하고, 훈련도 오랫동안 할 수 있어야 한다. 그렇지 못하면 보통 체력이 없다거나 떨어졌다고 한다. 다시 말해 오래 달릴 줄 알아야 체력이 좋다는 평가를 받는 것이다. 하지만 각 스포츠 종목마다 필요한 체력은 다르다. 축구에서조차도 오래달리기 능력이 그다지 필요하지 않은 것처럼, 각 종목마다 필요한 체력은 다른 것이다.

어떤 게임도 내내
전력질주할 필요는 없다

2002년 한일 월드컵에서 한국 축구 역사상 첫 16강 진출을 넘어 월드컵 4강 진출이라는 쾌거를 이룬 히딩크 감독을 기억하는가. 그가 감독이 된 지 100일쯤 되었을 때, 한국 축구의 문제가 무엇이냐는 질문에 그는 '한국 축구선수들의 기술 수준은 세계적인 수준이다. 하지만 체력이 가장 문제다'라고 답했다. 의아해하는 기자들에게 히딩크는 전 세계에서 이렇게 양발을 자유자재로 잘 쓰는 축구선수들은 없다면서 한국 축구선수들의 기술 수준을 높게 평가했다.

당시만 해도 한국 축구선수들은 90분 내내 뛰어다니는 체력이나 정신력은 뛰어난데, 유럽이나 남미의 선진 축구를 이기기 위해서는 세계적 수준의 전술과 기술이 필요하다고 생각해 외국인 감독을 영입한 것이었기에, 히딩크의 대답에 대부분의 기자들이 당황했던 것으로 기억한다.

하지만 히딩크 감독의 기준에서 축구는 90분 동안 계속 달릴 필요가 없는 종목이었다. 전력질주를 했다가도 걷기도 하는 종목이 축구다. 당시 우리가 생각하던 축구선수의 체력과 히딩크가 생각하는 체력의 차이가 있었던 것이다. 이때부터 축구선수들이 웨이트 트레이닝도 하기 시작해 유럽 축구선수들과의 몸싸움에서 밀리지 않게 된 것이다.

　야구라는 종목을 자세히 살펴보자. 보통 야구 한 게임을 하는 데 3시간 정도 소요된다. 아주 오랜 시간 경기를 하지만 자세히 들여다보면 일단 절반은 더그아웃에 앉아 있다(선발투수나 공격에서 베이스 러닝 하는 선수들의 움직임은 디테일하게 판단하지 않겠다). 나머지 절반의 시간 중 수비할 때도 타자가 삼진을 당하고 볼넷을 얻고 하면 수비수들은 움직일 일이 없다. 타자도 내야 땅볼을 치지 않으면 1루까지 전력질주할 일이 그다지 많지 않다. 정리하면, 게임에서 필요한 체력은 이미 충분해 보인다는 말이다.

　그런데도 우리나라 지도자들은 선수가 야구를 잘하지 못하면 '체력이 부족해서'라고 말한다. 또 연습을 아주 오랫동안 시키면서 선수가 힘들어하면 '체력이 없어서 그런다'고 한다. 앞서 말했듯이, 야구 한 경기를 치르는 데 필요한 체력이 없는 선수가 과연 있을까? 나는 그렇지 않다고 생각한다.

　우리나라에서는 시즌이 끝나고 팀 성적이나 선수 개인의 성적에 대한 분석을 할 때 체력에 대한 기사를 많이 볼 수 있다. 선수 본인도 체력 부족이 원인이라는 얘기를 많이 한다.

2013년, 당시 내가 속해 있던 넥센히어로즈는 시즌 마지막 다섯 게임을 원정경기로 치렀다. 특히 마지막 게임을 지는 바람에 2위를 할 수 있었던 시즌을 4위로 마무리했다. 이때 몇몇 기자들이 나에게 질문을 했다. 마지막 원정 5연전(창원-인천-광주-대전 이동)을 하면서 체력적으로 문제가 있어 결과가 좋지 않은 거 아니냐는 질문이었다.

KBO리그는 1년에 144게임을 한다. 매주 월요일마다 휴식일도 있다. 이동거리를 한번 살펴보자. 인터넷에 올라온 한 야구팬의 계산에 따르면 우리나라에서 가장 많은 이동을 하는 팀이 2020년에 이동한 거리가 1만km 정도 된다고 한다.

미국은 어떨까? 메이저리그는 1년에 162게임을 한다. 매주 쉬지도 않는다. 평균 이동거리는 대략 5만 4,000km라고 한다. 우리나라보다 5.5배가량 더 이동을 한다. 거기에 미국은 이동시 시차가 바뀌는 경우도 고려해야 한다.

하지만 메이저리그에서 게임에 졌다고, 성적이 안 좋다고 체력이 떨어져서 그렇다는 얘기가 나오는 걸 들어본 적이 있는가? 물론 가볍게 언급될 수는 있지만 우리나라만큼 크게 이슈가 되지 않는다.

2013년 몇몇 기자들의 질문에 나는 원정 5연전 동안 가장 힘들었던 사람은 '우리팀 버스 기사님'이라고 답했다. 결과가 좋지 않은 걸 두고 그런 체력 핑계를 대는 건 맞지 않다고 덧붙였다. 이동을 하여 새벽에 도착하더라도 다음 날 3~4시 정도까지 호텔에서 쉴 수 있었기 때문에 체력이 떨어져서 졌다는 건 말이 안 된다. 야구에서 필요한 체력은 잘 쉬면 회복이 되어 다음 날 게임하는 데 문제가 없다.

그럼에도 불구하고 우리나라에서는 체력 핑계를 많이 댄다. 그래서 성적에 대한 책임을 트레이닝 스태프에게 전가할 때도 있다. 각 팀 트레이너들은 공감할 것이다. 게임 졌다고 새벽 1시까지 특별 타격훈련을 하면서 트레이너들에게 선수들 체력관리 똑바로 안 한다고 문책하는 팀도 많다.

친분 있는 한 지도자가 구단의 도움으로 보스턴레드삭스에 2주간 연수를 다녀온 적이 있다. 내가 가장 인상적이었던 부분이 무엇이었는지 묻자, 그분은 스프링 캠프에서 훈련을 할 때 베이스 러닝을 할 때를 제외하고는 숨을 헐떡이는 선수가 없더라는 것이다.

한국은 어떤가? 가끔 유튜브에 올라오는 동영상을 보면 아직도 멀었다는 생각을 많이 한다. 배팅훈련(일명 빠른티)을 하자마자 선수들이 바닥에 쓰러지는 모습이다. 수비훈련을 하는 영상도 있다. 기술훈련을 하는데 선수들이 힘들어서 공을 제대로 잡지도 못하는 그런 영상들이다. 코치들은 아마 이렇게 얘기할 것이다. 체력이 약해서 이런 훈련이 필요하다고. 그때마다 나는 이렇게 얘기한다. 기술을 가르치라고! 그런 훈련이 체력을 향상시키는 게 아니라 체력을 떨어뜨린다고!

▎잘 쉬기만 해도 충분하다

2014년경 미국에서 야구선수들의 움직임을 분석한 칼럼이 나온 적이 있다. 시계를 들고 각 포지션당 한 명이 움직이는 시간을 측정한 것이다. 평균적으로 각 포지션당 18분의 시간만 움직인다는 결과가 나왔다. 그 18분 중에서도 100%의 움직임을 필요로 하는 동작은 그렇게 많지 않았다.

이런 야구라는 종목이 갖고 있는 특성에도 불구하고 우리나라는 선수들의 체력을 향상시키기 위해 많은 양의 러닝을 시키고, 여러 기술훈련을 해댄다. 심지어 아마추어 선수들은 하루 훈련시간 중 1~2시간씩 러닝을 한다고 한다. 이건 야구선수 육성이 아닌 느낌이다.

축구는 FIFA 규정상 한 경기 후 최소 48시간의 휴식이 있어야 그다음 게임을 실시할 수 있다고 한다. 말인즉 한 경기 후 다음 경기를 위한 회복에 생리학적으로 48시간의 시간이 필요하다는 얘기이다.

야구는 어떤가? 메이저리그의 경우 1년에 162게임을 실시하고 우리나라처럼 월요일마다 휴식일이 정해져 있지도 않다. 그 말은 한 게임에 필요한 에너지는 자고 일어나면 바로 회복된다는 얘기다. 그래서 시즌 중 선수들의 체력 회복을 위해 가장 중요한 것이 휴식이다. 잘 쉬기만 해도 다음 날 게임을 하는 데 크게 지장이 없다. 이것만 열심히 하면 체력관리는 잘 된다고 생각한다.

주5일제 근무가 처음 시행됐을 때를 생각해보자. 지금은 너무나 당연한 제도이지만 당시 얼마나 많은 사람이 우려를 표했는가. 2003년 8월, 주5일제 시행을 골자로 한 근로기준법 개정안이 통과되었다. 주5일제 근무는 유럽의 선진국에서나 가능한 제도라고 생각했었던 때다. 당시 여러 경제학자들이 경제 상황이 너무나 힘들기 때문에 시기상조라고 말했다. 또 중소기업 대표들이 다 망한다며 결사반대 집회를 할 정도였다. 많은 사람이 주5일만 일하면 나라가 망하는 줄 알았던 시절이었다.

하지만 시행 후 나타난 결과는 예상과는 달랐다. 주5일제를 하게 되니까 오히려 근무시간에 일에 대한 집중도가 더 높아졌다는 인터뷰도 있고, 한 회사는 생산성이 10% 이상 높아졌다는 자료를 내기도 했다. 쉬는 날이 늘어나다 보니 소비가 늘어 경제가 활성화되는 효과까지 나타났다.

경제 전문가도 아닌 사람이 왜 이런 얘기를 하는지 의아해할 것이다. 야구계도 이와 비슷한 과정을 겪고 있기 때문이다. 분명 많이 변하고 있지만, 아직까지 야구선수들이 연습을 많이 해야 실력이 향상된다고 믿는 지도자들이 많다. 밤늦게까지 훈련을 하지 않으면 절대 발전하지 못한다고 믿는 지도자들도 많다.

특히 아마추어 지도자들은 거의 대부분이 그런 듯하다. 더 큰 문제는 아마추어 선수들의 부모님도 그렇게 생각한다는 것이다. 우리 아들이 야구선수로 성공하기 위해 훈련을 더 많이 해야 한다고 믿는 것이다. 그래서 훈련을 조금만 시키면 지도자들이 욕을 먹는 상황도 발생한다.

나도 그 마음만은 이해한다. 하지만 생각해보자. 주5일제를 하면 나라가 망할 것처럼 했지만 그렇지 않았다. 오히려 경제는 더 발전했다. 야구도 마찬가지이다. 꼭 훈련을 많이 한다고 좋은 결과가 따라오진 않는다. 내가 보기에 이 방법은 인디언 기우제와 같다. 비가 올 때까지 기우제를 지내는 것과 같이, 야구를 잘할 때까지 연습을 하는 것. 그 이상도 이하도 아니다.

선수들에게 충분한 휴식시간이 보장이 되면 훈련시간에 집중력이 향상이 될 것이다. 향상된 집중력으로 기술이 향상하는 것은 물론 과사용으로 인한 부상도 방지될 것이다.

경기를 하는데 선수들의 체력이 떨어져 보인다면, 경기 전 선수들의 체력을 떨어뜨리는 요소가 있는 건 아닌지, 다시 말해 경기 전에 무언가를 해서 선수들의 체력을 떨어뜨리는 건 아닌지 고민해봐야 하는 건 아닐까.

만약 내일 전쟁이 일어난다고 가정해보자. 한번도 경험해보지 않았지만 예비군 훈련을 받아본 예비역으로서 짐작컨대 예비군 동대에 가서 총을 지급받고 총알을 지급받지 않을까 싶다. 그러면 나와 우리 가족의 목숨을 지키기 위해 총 영점조준을 할 것이다. 100알의 총알을 지급받았다면 나 같으면 10발을 연습 때 쓰고 나머지 90발로 전쟁에 임할 것이다.

하지만 우리나라 야구선수들은 시즌이 들어가기 전이나 다음 날 게임 전에 총알을 너무 많이 써버린다. 80발의 총알을 시즌 전이나 게임 전에 다 쓰고 20발로 상대 선수와 싸우는데 이길 확률이 얼마나 될까?

야구 체력은 총알처럼 잘 아껴쓰면 떨어지지 않는다.

타율 0.250과 0.300의 차이

타율 250과 타율 300인 선수는 대우가 완전히 다르다. 평균 타율이 300인 김현수의 연봉을 보라. 2019년 기준, 연봉 12억 5,000만 원이다. 김태균 선수를 보자. 같은 2019년 기준, 연봉이 10억 원이다.

이렇듯 300타율을 기록하는 건 엄청나게 어려운 일이다. 하지만 달성한다면 엄청난 부가 따라온다. 그래서 마지막 게임에서 300타율을 기록하기 어려운 선수는 게임 출전을 하지 않거나 해서 시즌 기록을 300으로 마치고 싶어 할 정도다. 250타율 선수는 300타율을 기록하기 위해 엄청난 노력을 한다. 코치들은 선수의 목표 달성을 위해 부단히 고민하고 도와주려고 한다.

2019년 한화 김태균 선수의 기록은 이렇다. 500타석, 433타수 132안타, 54볼넷, 94삼진, 타율 0.305이다. 2019년 한동민(한유섬) 선수의 경우에는 502타석, 427타수 113안타 56볼넷, 100삼진을 기록했다. 타율은 0.265이다. 하지만 공격지표만 볼 경우 안타수는 19개 차이다.

선수들이 내게 타율에 대한 고민을 얘기할 때 이렇게 반문할 때가 있다. "마음 제대로 먹고 몸관리 잘하면 1~2주일에 안타 1개 더 칠 수 있냐, 없냐?" 그러면 대부분의 선수들은 할 수 있다고 답한다.

실제로 강정호 선수가 2013년 시즌이 끝나고 몸을 만들기 시작할 때쯤의 이야기다. 강 선수가 타격폼 수정을 고민 중이라고 얘기하기에 왜 수정하려고 하나 물었더니, 그해 타율이 0.291이라 내년에 메이저리그에 가려면 3할을 쳐야 할 것 같다고 했다. 안타 4개만 더 쳤으면 3할인데, 그 안타 4개 때문에 폼을 수정하려고 하는 강정호 선수에게 이렇게 얘기했다.

"정호야, 여름에 마음 딱 먹고 체력 관리 잘하면 7~8월 두 달 동안 안타 4개 더 칠 수 없냐?" 강 선수의 대답은 당연히 할 수 있다고 했다. 그럼 그 방법으로 3할을 치는 게 훨씬 나은 방법이라고 알려줬다. 안타 4개 때문에 다른 데 힘쓰지 말고 몸을 더 잘 만드는 데 집중하라고 말이다. 2014년 강정호는 커리어 하이 시즌을 기록하고 메이저리그에 진출했다.

다시 250타자의 기록과 300타자의 기록을 비교해보자. 한 시즌은 대개 6개월 동안 치러진다. 안타 18개 차이는 6개월에 18개니까 한 달에 3개 차이인 셈이다. 단순 계산으로도 1주일에 1개 미만의 안타만 추가하면 3할 타자가 되는 것이다.

하지만 우리나라 선수들은 1주일 동안 1개도 안 되는 안타를 추가하기 위해 게임이 끝나고 자정이 넘도록 야간 특별 타격훈련을 하고 타격폼 수정을 고민하고, 또 다음 날 일찍 일어나 훈련을 한다. 하지만 그런 선수 중에 300을 기록한 선수가 있는지 떠올려보면 거의 없는 것 같다.

특히 국내 코치들은 타격폼 수정을 많이 요구한다. 사실 아마추어나 프로 선수들 대부분이 폼에 대한 스트레스를 많이 받고 있다. 지도자들도 자신들이 선수생활할 때 폼에 대한 스트레스를 받았음에도 불구하고 지도자가 된 이후에는 그 부분에 대한 고민이 적다. 지도자가 되고 나서 본인들이 타격폼 수정을 지시해도 선수들에게 스트레스가 된다고 못 느끼는 것이다.

2019년, 심우준 선수가 프로에서 빛을 보기 전의 이야기다. 심 선수와 이런저런 얘기를 나눈 적이 있다. 그동안 어떤 점이 힘들었는지, 왜 프로에 와서는 고등학교 때처럼 실력 발휘가 잘 안 되는 것인지 등의 대화를 주고받았다. '왜 그렇게 치는지, 고등학교 때는 어떻게 쳤는지' 등도 물어봤다.

그러자 심 선수가 깜짝 놀랄 만한 말을 했다. '고등학교 때는 이렇게 치지 않았다'는 것이다. 지금과는 완전 반대 느낌으로 쳤다는 것이다. 그리고 프로에 와서 생긴 타격폼이 7가지나 된다는 말을 덧붙였다. 그의 말을 다 듣고 난 후 나는 심 선수에게 타구에 힘을 싣는 방법에 대해 얘기해줬고, '지금부터는 네가 하고 싶은 폼대로 치게 도와줄게. 감독님한테 내가 얘기해줄 테니 내일부터는 너 하고 싶은 대로 해'라고 덧붙였다.

다른 코치들이 들었다면 기분 나쁘겠지만, 해당 코치의 마음보다 선수의 마음이 편하고 행복한 게 더 중요하다고 생각했다. 그날 곧장 이강철 감독님께 이러한 내용을 말씀드리니 심 선수를 불러 그렇게 해보라고 하셨다. 믿음을 주신 것이다. 그리고 다음 날 훈련에서 심 선수의 타구가 몰라보게 달라졌다. 감독님은 그날부터 심우준 선수를 주전으로 기용하기 시작하셨다. 그 결과 심 선수는 2019년 커리어 하이 시즌을 보내게 된다.

심 선수가 시즌 중 한 인터뷰에서 이런 얘기를 했다. '이지풍 코치님이 나에게는 멘탈 트레이너'라며 '타격폼도 타구 스피드를 빠르게 하려고 수정했다. 6월부터 고교 시절 폼으로 돌아갔다. 다리를 좀 들었다가 앞으로 나가는 느낌으로, 배팅 포인트를 앞쪽에 놓고 친 게 기억나 시도해봤는데 나쁘지 않다'고 말했다.

시즌 중 심 선수가 경기에서 좋은 결과를 얻었을 때 내가 이런 말을 한 적이 있다. "일희일비하지 마라." 내일 당장 결과가 안 좋을 수도 있으니 너무 즐거워할 필요도, 그렇다고 못했을 때 너무 슬퍼할 필요도 없다는 말이다. 항상 한결같은 마음을 유지하는 게 중요하다는 얘기였다.

심 선수처럼 아마추어 톱클래스였던 선수가 프로에 와서 전혀 빛을 못 보고 있다면 분명 그때와 비교하여 달라진 것이 있을 것이다. 아마 심 선수가 똑같은 패턴으로 계속 연습했다면 지금처럼 좋은 결과를 내지 못했을 것이다.

우리나라 문화에서 선수들은 지도자 앞에서 특별한 감정표현을 잘 하지 않는다. 지도자 앞에서는 '좋습니다'라는 말만 반복할 뿐이다. 예전에는 코치가 시킨 폼을 따라하지 않는다는 이유로 선수를 2군에 내려보내는 경우도 있었으니 말이다.

완벽한 폼이 존재한다면 메이저리그의 모든 선수들이 하나의 폼이어야 하지 않을까? 바꿔 말하면 완벽한 폼이란 존재하지 않을 수 있다. 닉네임이 아트 스윙인 예술적인 타격폼을 가진 박재상 코치도 선수 시절 3할을 치지 못했다. 선수들이 폼에 너무 연연하지 않았으면 좋겠다.

내가 생각하는 1주일에 안타 0.75개씩 치는 방법은 잘 먹고 잘 쉬는 것이다. 몸 컨디션을 좋게 하여 게임에서 집중력을 향상시켜서 1주일에 안타 0.75개 치는 게 훨씬 효율적이고 부상의 위험도 없으며 확률이 더 높은 방법이라고 생각한다.

250타자들이여, 300을 치고 싶다면 야간에 훈련하지 말고 집에 가서 잘 먹고 잘 자라!

그게 정답이다!

누굴 좇기만 해서는
안 된다

TV프로그램 〈백종원의 골목식당〉에서 백종원 대표가 '정작 멕시코에는 멕시칸 샐러드가 없다'고 얘기하는 걸 본 적이 있다. 그런데 왜 멕시칸 샐러드라고 이름 지어졌는지는 모를 일이다.

야구업계에도 정작 미국에는 없는 '아메리칸 펑고'라는 훈련이 있다. 투수든 야수든 양쪽 폴대 사이를 왕복하면서 코치가 쳐주는 펑고를 받는 것이다. 요즘 시대에는 아메리칸 펑고 훈련을 시키는 지도자들이 별로 없지만 10년 전까지만 해도 엄청 많이 시키는 훈련 중 하나였다.

이 아메리칸 펑고 훈련을 아는지, 나는 외국인 선수들에게도 물어보고, 미국 전지훈련을 갔을 때 미국인 코치들에게 많이 물어봤다. 돌아오는 대답은 '그게 뭐냐'는 것이었다. 이 용어도 어디서 유래가 되었는지 알 수가 없다.

▌겪고 나서야
▌알 수 있는 것들

2011년 미국 템파로 스프링 캠프를 갔을 때 있었던 일이다. 운동장에서 투수들 하체 운동을 시키고 있는데 한 할아버지가 나에게 다가와 지금 무슨 운동을 하냐고 물었다. 그래서 투수들 하체 운동을 한다고 얘기하니 할아버지는 이렇게 답하셨다. 자신은 '1945년까지 트리플 A에서 활약한 왼손투수 출신인데 그 당시에는 저런 운동을 해본 적이 없다'고. 그래서 그럼 그때는 어떤 운동을 하셨냐고 물었더니, 할아버지는 당시에는 러닝만 했다고 하셨다.

당시 기준으로 불과 5~10년 전만 해도 한국도 투수들은 러닝만 할 때여서(물론 지금 현재에도 웨이트하지 말고 러닝을 많이 해야 한다고 주장하는 지도자들이 많다), 1945년 미국 야구와 2000년 한국 야구가 비슷한 과정을 겪고 있다는 생각이 들었다.

이후 2012년 처음 애리조나 텍사스레인저스 훈련장으로 스프링 캠프를 갔을 때의 일이다. 텍사스레인저스 트레이너와 얘기를 나누는데 자기 팀이 30개 구단 중 러닝 훈련을 많이 하는 편에 속한다고 하는 것이다. 그래서 왜 그러냐고 물으니, 구단주 영향을 많이 받아서 그렇다고 했다. 당시 구단주가 놀란 라이언이었다. 그는 러닝을 많이 해야 한다고 강조하는 선수 출신 구단주였다.

이런 일들을 겪으며 난 미국도 우리나라와 같은 상황을 다 겪고 나서 현재의 방법들을 찾아낸 것이라는 생각을 하게 되었다. 우리가 굳이 일본을 좇을 필요 없이 미국이 하는 방법을 바로 공부하면, 현재 야구를 잘하기 위한 가장 합리적이고 과학적인 방법을 알 수 있을 거라는 생각이 들었다.

우리나라 프로 야구의 역사가 이제는 40년이 다 되어간다. 일본은 70년이 넘은 걸로 알고 있고, 미국은 130년도 넘었다. 올드스쿨 지도자들은 우리나라 선수들의 체격조건이 일본 선수들과 비슷해 미국보다는 일본의 방식을 따라가야 된다고 얘기하는 경우가 많다. 하지만 일본도 결국 미국이 겪었던 과정을 반복할 것이지 않은가.

메이저리그 구단에서 한 선수와 10년에 3억 달러 이상의 계약을 하는 시대다. 선수 한 명의 연봉이 300억 원 이상 하는 시대인 것이다. 이렇게 선수들의 연봉으로 지출을 많이 하는 구단에서 하는 훈련 중, 만약 우리에게 맞는 훈련이 있다면 도

대체 안 할 이유는 무엇인가.

영화 〈머니볼〉 마지막에 이런 장면이 나온다. 이 장면의 주인공은 오클랜드 어슬레틱스의 마이너리그 포수인 제레미 브라운이다. 이 선수는 거구의 선수로 달리기가 엄청 느리다. 보통의 선수라면 2루는 가고도 남을 타구를 쉽게 날리면서도 발이 느려 1루밖에 가지 못하는 선수였다. 그는 마음을 단단히 먹고 이번에는 꼭 2루에 가리라 마음을 먹고 공을 힘껏 때린다. 그리고 2루를 향해 전력질주하다 포기해버리고 1루로 귀루하다 넘어지고 만다. 이 상황에서 상대팀을 포함해 많은 선수들이 웃는다. 왜냐하면 그 타구가 장외홈런이었던 것이다. 자신이 얼마나 대단한 일을 했는지 모르면 이런 일이 생긴다.

프로 야구에는 정말 빠른 공을 던지는데 성공을 거두지 못하는 투수가 제법 있다. 150km의 빠른 공을 던지지만 타자들이 아무런 어려움 없이 상대한다. 요즘은 분석기술이 발달하여 회전수나 릴리스포인트(투수가 공을 던질 때 마지막으로 놓는 위치) 등 구체적인 이유들을 찾기도 한다.

그런 요인들보다도 내가 더 중요하다고 생각하는 건 그런 투수들은 자신들이 얼마나 대단한 투수인지를 모른다는 것이다. 하늘이 주신 재능이라고 일컬어지는 150km의 빠른 공을 던질 수 있지만, 마운드에서 140km의 공을 던지는 투수들과 같은 마음가짐과 행동을 하기 때문에 좋은 결과가 따라오지 못하는 것은 아닐까.

더 큰 성장과 성공을 위해 자신이 가진 능력을 정확히 인식할 필요가 있다. 그렇다고 과대포장을 해선 안 되겠지만 그동안 자신이 이뤄온 성과나 자신의 능력을 과소평가할 필요는 없다. 자신의 능력과 업적에 대해 자신감을 가져야 앞으로 더 나아갈 수 있다.

대한민국 야구 국가대표팀은 2006년 WBC 대회에서 준우승을 차지하고, 2008년 베이징 올림픽에서 금메달을 획득하는 등 야구로 세계를 제패했다. 하지만 진정 우리들이 야구 선진국이라고 생각했을까? 선진국이라 함은 여러 가지 면에서 앞서 있는 나라라는 뜻이다. 다시 말하면 새로운 기준을 제시할 수 있는 나라라는 뜻이다. 그런 의미에서 우리나라 야구는 그동안 선진국의 역할은 하지 않았던 것이다.

스피드업 룰, 비디오 판독, 로봇 심판 도입 등 우리는 미국에서 먼저 시행하고 난 다음 따라가는 게 아주 익숙하다. 국제대회에서 좋은 성적을 거두고 올림픽에서 금메달을 따도 메이저리그보다 먼저 새로운 제도를 시행하지 못하는 이유는 우리가 얼마나 대단한지에 대한 인식이 부족하기 때문이라고 생각한다.

▌메이저리그에는 없는 키토제닉 식단

앞서 말했듯이, 야구에 있어서는 미국이 우리보다는 훨씬 앞서 있다고 생각해왔다. 130년이 넘는 미국의 야구 역사 동안, 지금 한국에서 행해지는 훈련 방법들을 다 경험한 후 현재 시점에 가장 과학적이고 합리적인 방법을 메이저리그에서 적용한다고 봤다. 그래서 미국에서 하지 않는 훈련 방법이나 트레이닝은 야구를 잘하기 위한 기준에 부합하지 않는다고 생각했다.

하지만 그런 나의 생각이 바뀌고 있다. 먼저 전 세계에 불어닥친 코로나 19에 대처하는 모습을 보고 우리가 꼭 미국의 뒤를 좇을 필요는 없다는 생각이 막연하게 들었다. 미국에서 하지 않더라도 새로운 이론이나 방법을 우리가 먼저 시행하여 미국보다 앞서나갈 수도 있다고 생각하게 된 것이다.

이런 생각을 가지게 된 또 다른 이유는 내가 국내에서 만난 외국인 지도자들의 모습 때문이다. 당연한 말이지만, 분명 여러모로 좋은 지도자도 있었지만 그렇지 않은 지도자도 있었다. 그들을 보면서 '미국이라고 해서 다 우리보다 앞서 있는 건 아니구나, 꼭 저들에게 배울 필요는 없구나' 하는 생각을 하게 되었다.

예컨대 키토제닉 식단만 해도 그렇다. 이 식단이 대중에게 알려진 건 그리 오래되지 않은 일이다. 국내뿐 아니라 해외에서도 아직 논쟁이 많은 것으로 알고 있다. 2020년 초 우리나라 야구선수가 이 식단을 한다는 기사가 났을 때 한 트레이너는 '미국 선수들도 하지 않는 이런 식단은 야구선수가 하면 치명적인 결과를 얻는다'는 주장을 한 적이 있다.

물론 현재 메이저리그에서 이 식단을 하는 선수가 없을 수도 있다. 하지만 난 위의 주장에 동의하지 않는다. 이 식단을 실행해보고 나서 맞지 않는다는 결론을 내린 게 아니라 아직 여러 사람에게 많이 알려지지 않았을 뿐이라고 생각하기 때문이다. 이 식단을 시행한 손아섭 선수는 2020년 타율 2위를 기록하며 부활에 성공했고, 황재균 선수 역시 같은 해 데뷔 후첫 골든글러브상을 받을 정도의 커리어 하이 시즌을 보냈다.

좀 더 많은 데이터가 필요하겠지만 미국에서 안 하니까 우리가 할 필요 없다는 단순한 논리가 이제는 통하지 않을 것 같다. 이제 우리가 새로운 기준을 제시하는 야구 선진국이 될 수도 있지 않을까. 그러기 위해 모든 야구 종사자들의 더 많은 노력이 필요한 시점이다. 우리는 할 수 있다. 난 그렇게 믿는다.

무시할 건
무시해야 한다

어느 날 한 선수가 전력분석팀에서 초구를 치지 말라고 했다며 어떻게 해야 하냐고 면담을 요청했다. 난 바로 초구타율이 얼마기에 치지 말라고 그러냐고 하니, 선수는 0.273이라고 답했다. 순간 버럭 화를 내고 말았다. 11타수 3안타 기록 가지고 초구를 치지 말라는 게 말이 되냐는 말이다. 한 타석만 빼면 10타수 3안타에 3할이다. 그렇다면 그런 말은 하지 않았을 거 아닌가.

이 얼마나 어처구니없는 상황인가. 얼마 되지도 않는 표본을 가지고 얘기하는 것도 모자라 선수에게 초구 치지 말라는 말 한마디가 어떤 영향을 미칠지 전혀 고민을 하지 않고 얘기했다는 것에 너무 화가 났다.

제대로 된 원인 분석이 중요한 이유

한번은 감독이 특정 선수가 투구수 70개 이후에 결과가 계속 안 좋으니 전력분석팀, 투수코치, 배터리코치(야구에서 포수코치를 말함), 트레이닝코치가 모여서 문제를 찾아보라고 했다. 감독이 분석해보라고 한 이유는 이전년도보다 결과가 좋지 않다는 느낌이 들었기 때문이었다. 미팅하기 전날 전력분석팀에서 자료를 받았다. 전력분석팀에서 분석한 내용은 다음과 같다.

구분	2021시즌								
	IP	ERA	FIP	K/9	BB/9	HR/9	OAVG	OOPS	BABIP
성적	20.2	6.10	3.88	7.84	1.31	0.87	0.341	0.877	0.403

구분	2020시즌								
	IP	ERA	FIP	K/9	BB/9	HR/9	OAVG	OOPS	BABIP
성적	144	3.88	4.83	6.19	2.07	1.44	0.239	0.692	0.251

구분	전체					
	구속 (직구)	회전수 (직구)	직구	슬라이더	커브	체인지업
전체	144.97km	2292rpm	44.8%	35.3%	13.0%	8.7%
70구 이전	145.10km	2293rpm	47.1%	30.7%	12.1%	10.0%
70구 이후	144.11km	2290rpm	35.4%	44.3%	16.5%	3.8%

방어율은 2점 이상 높았다. 하지만 삼진비율은 좋아졌고, 볼넷비율도 작년에 비해 월등히 좋아진 것이었다. 홈런비율도 좋았다. 암튼 모든 기록이 작년보다 좋아졌는데 단 하나 BABIP(Batting Average on Balls In Play. 타자가 친 타구 중 인플레이된 타구의 안타비율 혹은 피안타 비율을 통계로 수치화한 야구 기록) 수치가 나빠진 것이었다. 그리고 당해년도 70구 이전과 70구 이후의 데이터도 거의 비슷하게 나오고 있었다. 단 슬라이더 비율이 70구 이전에 비해 14% 정도 증가된 것이 눈에 띄었다. 이런 데이터를 각 코치들이 받은 다음 문제점을 어떻게 해결할지 의논하기 시작했다.

투수코치는 투수의 메커니즘을 얘기하기 시작했고, 배터리코치는 볼배합을 얘기하기 시작했다. 내 생각을 얘기해야 하나 말아야 하나…. 정말 많이 고민했다. 내 생각을 얘기하고 나면 투수코치, 배터리코치, 전력분석팀과 또 사이가 또 멀어질 것이 분명했기 때문이다. 그냥 듣고만 있으려다가 해당 선수에게 안 좋은 영향이 있을 것 같아 결국 참지 못했다.

난 이렇게 반론을 제기했다. 첫째, 그 자리에 있던 세이버메트릭스(야구를 통계학적, 수학적으로 분석하는 방법론) 전문가에게 BABIP가 작년보다 안 좋아졌는데 그럼 좋아지게 할 수 있는 방법을 물었다. 당연히 없다고 했다. 둘째, 70구 이후 슬라이더 비율이 14% 정도 증가했는데 개수로 몇 개를 더 던진 거냐고 물었다. 대답을 못하기에 내가 대충 계산해보니 70구 이전보다 슬라이더를 2개 더 던지고 직구를 2개 덜 던진 건데 이게 어떤 문제가 있으며, 이걸 개선하기 위해 그럼 투수가 마운드에서 개수를 세고 던져야 하는 거냐고 따져 물었다.

그런데도 배터리코치는 볼배합을 얘기했고, 투수코치는 나에게 비선수 출신은 모르는 야구선수들만이 느끼는 그런 게 있다고 얘기했다. 난 그냥 선수에게 다음 등판 전에 선수단에 커피나 한 잔씩 돌리라고 했다. 그럼 BABIP가 좋아질 거라고….

정반대의 예로, 시즌을 치르다 보면 가끔 단체로 농군 패션이나 삭발 투혼을 보여주는 팀이 있다. 삭발과 농군 패션 같은 퍼포먼스는 10연패 정도 할 때 실행한다. 매체를 보면 '연패를 끊기 위한 선수들의 투혼' 같은 수식어로 포장하지만, 3연패를 할 때는 이런 퍼포먼스는 볼 수 없다. 그런데 조금만 생각해보면 바로 알 수 있다. 이런 퍼포먼스 때문에 연패를 끊는 것이 아니다. 우리나라 최다연패가 18연패다. 연패가 끊길 때가 돼서 끊긴 것이다.

어렵게 기른 머리를 삭발할 바에는 차라리 원인이 정확히 무엇인지 고민하는 게 더 나을 것이다. 삭발이 이기는 데 도움이 되면 개막전부터 삭발을 해야 하지 않을까. 연패가 길어졌을 때 삭발까지 하는 선수들의 마음을 또 모르는 것은 아니기에 비난할 수는 없다. 하지만 개인적으로는 원인 파악을 제대로 하지 못하거나, 제대로 안 되니 이런 일들이 벌어진다고 생각한다.

요즘은 데이터야구 얘기를 많이 하고 있다. 새 감독도 단장도 데이터 얘기를 많이 한다. 하지만 데이터를 정말 '잘' 활용하고 있는지는 개인적으로 의문이다. 앞서 얘기했듯이 전력분석 전문가들도 대부분이 야구선수 출신이라 숫자로 나타난 객관적인 자료를 가지고도 선수 출신 지도자들과 비슷한 진단과 처방을 하고 있기 때문이다. 물론 과거에 비하면 엄청 많이 발전하긴 했지만, 아직도 투수 교체를 할 때 상대 타자와의 전적이 3타수 1안타라 교체하면 안 된다고 얘기하는 전력분석원이 있다. 이런 상황에서 비선수 출신 전력분석원은 비선수라는 핸디캡 때문에 선수 출신 지도자들에게 자신의 의견을 강하게 얘기하지 못한다.

무시할 만한 표본의 데이터는 강력하게 무시할 수 있는, 그런 지도자를 보고 싶다.

텔레파시란 없다

야구단에 입사하기 전, 내가 얻을 수 있는 야구에 관한 정보는 스포츠 신문 아니면 중계방송에서 해설위원들이 얘기해주는 게 전부였다. 그런 정보만 아무런 의심 없이 습득했다면 야구에 대한 내 시각도 거기서 크게 벗어나지 못했을 것이다.

내가 의심을 품고 있는 말 중, 아직도 신문이나 중계방송에 많이 나오는 말이 있다. 바로 '볼배합'이다. 사실 나는 아직도 볼배합에 대해 명확하게 설명해주거나 날 이해시키는 국내 야구인을 본 적이 없다. 다들 결과를 바탕으로 한 얘기들뿐이었다.

한번은 한 지도자가 이런 얘기를 한 적이 있다. '무사나 1사 3루에서는 삼진 잡는 볼배합을 해야 한다'고 말이다. 그런데 어떻게 하라는 설명은 없고 그렇게 하라는 지시만 있을 뿐이다.

이런 얘기를 들으면 난 혼자 중얼거렸다. '삼진 잡는 볼배합이 있으면 주자가 없을 때부터 했으면 됐잖아. 그럼 주자를 안 내보냈을 건데 왜 주자가 3루에 가니 삼진 잡는 볼배합을 하라는 거야?'

또 한번은 코칭 스태프가 모여서 볼배합에 대한 토론을 한적이 있었다. 투수코치와 배터리코치 사이에 의견이 일치하지 않아서 같이 모여 머리를 맞대고 얘기해보자는 아주 건설적인 시간이었다(사실 야구단에서 이런 자유토론 시간을 가지는 건 아주 드문 일이다).

당시 투수코치는 투수들이 직구를 좀 더 많이 던지길 원했고, 배터리코치는 변화구 사인을 포수에게 많이 내던 중이었다. 각자의 의견을 말하던 중 배터리코치가 이렇게 얘기했다. "타자가 직구를 노리고 있는데 직구를 어떻게 던져?" 직구 타이밍에는 변화구를 던져야 한다는 말이었다.

그래서 내가 손을 들고 질문했다. "코치님은 타자가 직구를 노리는지 어떻게 아세요? 그리고 우리 팀에서 제일 잘 치는 타자한테 물어보니 80%는 직구를 노리고 있다고 얘기하던데, 그럼 변화구를 80% 던져야 하는 건가요?"

사실 다들 추측하는 것이다. 이전엔 직구 타이밍에 스윙을 했으니 이번엔 직구를 노리고 있다고 추측할 뿐이다. 그럼 타자 입장에서는 변화구를 노리면 되는 것 아닌가?

그래서 난 이런 말을 자주했다. 볼배합은 묵찌빠 하는 거랑 똑같지 않느냐고. 묵찌빠를 할 때 간혹 이런 말을 하지 않는가. "난 주먹 내고 있을게." 이러면 상대방은 이렇게 생각을 할 것이다. '주먹을 낸다고 했으니 내가 보자기를 낸다고 생각하면 상대방은 가위를 낼 것이고, 그럼 내가 주먹을 낸다고 한 번 더 생각하면 상대방은 보자기를 낼 것이고….' 이런 식이라면 끝이 없지 않은가.

내게 볼배합에 대해 제대로 설명을 해준 사람은 한 외국인 선수다. 영어로는 Pitch sequence라고 했다. 타자가 어떤 생각으로 타석에서 투수를 상대하는지 모르기 때문에 그 전에 던진 공에 대한 반응을 보고 그다음 공을 선택한다는 것이었다. 직구에 스윙을 했으니 다음에 변화구를 던지는 그런 얘기는 아니었다. 이 설명을 몇몇 포수에게 설명했을 때 다들 처음 들어본 얘기이고, 실제로 해보면 잘 통한다는 얘기를 들었다.

그의 설명을 듣고 내가 물었다. "어릴 때부터 그런 걸 배웠으면 타자도 배운 거 아냐? 그럼 서로 다 알고 하는 싸움인 거네?" 그랬더니 그 외국인 선수는 '맞다'고 답했다.

우리나라 포수들은 스트레스를 많이 받는 포지션이다. 볼배합 때문이다. 직구를 던져 안타를 맞으면 그때 왜 변화구를 안 던졌냐 그리고, 변화구로 안타를 맞으면 왜 직구를 안 던졌냐고 한다. 이 얼마나 고통스런 포지션인가. 난 항상 말해왔다. 포수에게 그렇게 얘기할 거면 던지기 전에 사인을 내면 되지 않느냐고!

이런 일도 있다. 2021년 6월에 난 기사다. 'E선수 교체 미스터리 풀렸다 "쓰리볼 타격, 상황에 맞지 않았다."' 전날 경기에서 E선수가 팀이 지고 있는 상황에서 3볼 0스트라이크 상황에서 스윙을 했는데 결과가 좋지 않아 선수를 문책성으로 게임에서 뺐다고 한다. 팀은 지고 있는데 볼넷으로 출루할 수 있는 확률이 높은데도 타격을 하여 결과가 좋지 못했던 것이다.

난 이런 식으로 선수에게 책임을 묻고, 다음 날 기자들에게 선수의 잘못이라고 인터뷰하는 감독들을 이해할 수가 없었다. 아주 비겁하다는 생각이 들기 때문이다. 플레이를 하고 있는 선수와 감독이 경기 중 소통할 수 있는 방법은 많다. 타자와의 소통은 3루 작전 코치를 통해 할 수 있다. 만약 감독이 3볼 0스트라이크 상황에서 타격을 원하지 않으면 사인을 내면 되는 것이다. 모든 팀들이 3볼 0스트라이크 상황에서 주고받는 사인이 있다. 흔히 히팅 사인, 웨이팅 사인이라고 불리는 사인이다. 선수가 타격하지 않기를 원하면 웨이팅 사인을 주면 되는 것이다.

만약 E선수가 웨이팅 사인을 냈는데 타격을 했다면 문책할 수 있다. 지시사항을 불이행했기 때문이다. 우리나라 문화에서 웨이팅 사인을 냈는데 히팅을 할 선수는 그렇게 많지 않다. 그리고 만약 웨이팅 사인을 무시하고 타격을 했다면 감독은 사인미스라는 인터뷰를 했을 것이다. 그 순간 아무 사인이 없으면 히팅 사인이라고 모두가 생각한다. 아마 E선수도 아무 사인이 나지 않아서 그렇게 했을 것이다.

이런 상황에서 선수를 나무라는 지도자를 내가 비판하는 이유는 당시 사인을 주지 않았으면서 결과가 좋지 않은 것에 대해 선수에게 책임을 전가한다고 생각하기 때문이다. 만약 3볼 0스트라이크 상황에서 E선수가 타격을 했고, 그 결과가 안타나 홈런이었으면 아마 아무 말도 하지 않았을 것이다. 감독 자신이 지시한 내용을 선수가 이행을 했는데 그 결과에 대한 책임을 선수가 지고, 모든 야구팬이 알 수 있게 다음 날 기자들에게 그 선수의 잘못에 대해 이야기하는 건 정말 보기 불편하다. 감독은 아마 이렇게 이야기했을 것이다. 'E선수 정도 되는 베테랑은 상황을 알아서 잘 판단해서 행동했어야 한다'고. 하지만 E선수는 그 상황에서 타격하는 게 옳다고 생각했을 것이다. 다만 감독이 원하는 결과가 나오지 않았을 뿐이다.

일반 직장인들도 이런 경우를 꽤 겪을 것이라 짐작된다. 관리자나 책임자가 구체적인 지시를 하지 않고 아랫사람들이 알아서 일처리를 해주기를 바라는 경우가 꽤 있다. 좋은 의미로 부하 직원의 자율성을 존중하고 지지하기 때문이겠지만 그 또한 디렉션이라는 것을 잊으면 안 된다. 문제가 발생했을 경우 책임을 져야 하는 것은 자율성을 부여한 상사에게 있다는 것을 망각해선 안 될 것이다.

만약 진정한 의미의 자율성을 부여 받은 집단에 속해 있는 사람이라면 정말 행복하게 일을 할 것이고 따라서 성과도 좋을 것이다. 이런 집단에 있는 관리자들은 결과에 대한 책임을 부하 직원에게 쉽게 전가하지 않는다. 하지만 많은 관리자들이 결과에 책임지기 싫은 본능에 충실하여 자율성의 의미를 훼손하곤 한다. 구체적인 지시를 하면 그 결과에 대한 책임이 자신에게 있기 때문이다.

말이 좋아 이심전심이지 말을 하지 않으면 상대의 의중을 알 수가 없다. 또한 지시가 명확하고 구체적이지 않으면 정확히 파악할 수 없음은 물론이다. 믿고 맡겼다는 말로 책임을 전가하는 것이 아니라 믿고 맡긴 자신의 결정에 대해 책임지는 것이 관리자의 역할이다. 그렇지 않다면 그 또한 직무유기나 다름없지 않을까.

재능과 잠재력을
쉽게 판단하지 말라

내가 중고등학교를 다니던 시절에는 체벌이 만연했다. 수업 시간에 떠든다고 체벌, 교실 청소 똑바로 안 한다고 체벌, 지각 했다고 체벌…. 지금 생각하면 너무나 어이없는 일들로 학교에서 맞으면서 자랐다. 그중 가장 납득하기 힘들었던 게 성적이 나쁘다고 때리는 것이었다.

아이들의 성적이 좋게끔 가르치는 게 교사의 역할이다. 또 시험이란 누군가는 꼴찌를 하게 되어 있는 것 아닌가. 꼴찌인 아이가 계속 꼴찌를 한다면 그 아이를 가르친 교사의 책임이 큰 것이고, 꼴찌인 아이가 꼴찌를 면하면 또 다른 누군가는 꼴찌를 하게 되는데 그 아이 성적 하락의 책임도 일정 부분 교사에게 있는 것 아닌가. 물론 성적에 대한 책임은 일차적으로 학생 본인에게 있다. 그렇다 하더라고 가르치는 일을 하는 사람이 그 결과에 대한 책임을 학생에게 모두 떠넘기는 것으로 보여 너무나 불편했다.

한번은 전지훈련에서 한 투수코치가 선수들을 불러 모아서 이런 얘기를 한 적이 있다. "내일 첫 연습경기인데 너희들이 볼질(볼을 계속 남발하는 짓)할까 봐 걱정이다. 상대팀한테 쪽팔릴까 봐 걱정이 크다." 내일 경기 잘하라며 한 말이었다. 그날 난 그 투수코치를 찾아 이렇게 얘기했다. "선수들에게 그렇게 얘기하면 어떡합니까…. 선수들이 볼질 안 하게 잘 가르치는 게 코치의 역할인데, 선수들한테 볼질할까 봐 걱정이라는 건 결국 코치님 본인 얼굴에 침 뱉는 거 아닙니까."

▌한 우물만 파지 말고 ▌여러 우물을 파라

내가 만난 한 중학교 1학년 학생은 원래 포지션이 외야수였는데, 투수로 바꾼 지 한 달이 되었다고 했다. 왜 포지션을 바꿨는지 물어보자, 중학교 야구부 감독이 외야 수비 능력이 떨어지니 투수로 바꾸라고 했다는 것이다.

정확히 어떤 부분이 떨어지는지는 중요하지 않다. 문제는 이 선수가 중학교 야구부에 합류해서 연습한 지 얼마 되지 않았다는 데 있다. 겨우 2개월 정도 훈련을 시킨 다음 능력이 부족하다고 판단했다는 게 나로선 이해할 수 없었다.

중학교 1학년이 잘해야 얼마나 잘하겠는가. 그 나이 때 월등히 잘하는 친구가 몇이나 되겠는가. 지도자들의 성급한 판단으로 어린 선수들은 야구에 흥미를 잃고 자신의 재능을 보여줄 수 있는 기회조차 박탈당한다.

누군가는 감독이나 코치가 전문가니까 그런 판단을 빨리 해주는 게 더 좋지 않느냐고 반문할 수 있다. 그럴 수도 있다. 하지만 어린 친구들의 부족한 부분을 향상시켜주는 게 그 사람들이 첫 번째로 해야 할 일이라는 걸 잊으면 안 된다. 어린 야구선수들은 못하는 게 당연하다. 각 학교에 톱클래스 선수들과 비교하여 못한다고 너무 쉽게 판단해버리면, 만일 그 판단이 잘못된 판단이라면, 이 학생의 인생이 너무 억울하지 않을까.

또 한번은 아마추어 선수와 학부모를 대상으로 강의를 한 적이 있는데, 강의가 끝난 후 한 중학교 3학년 학생과 학부모가 찾아와 상담을 요청했다. 듣자하니, 어깨가 아파 야구를 그만둘지 어쩔지 고민 중이라는 얘기였다. 병원 두 군데에서 진단을 받았는데 한 군데에서는 어깨 수술이 필요하다는 소견도 받은 상태였다.

나는 왜 아픈지 나름의 원인을 찾기 위해 몇 가지 질문을 던졌다. 포지션은 무엇인지, 언제부터 야구를 했는지 등등. 이 선수는 초등학교 6학년 때부터 야구를 했는데, 중학교 1학년 때부터 감독의 권유로 투수만 하면서 투구훈련을 너무 많이 했다고 했다.

그 이야기를 듣는 순간 울컥했다. 그 감독은 어떤 능력이 있기에 중학교 1학년 야구선수의 재능을 한눈에 알아보고 투수만 시켰단 말인가? 정말 무책임하고 무능한 감독이라고 생각한다. 이런 지도자들은 자신들의 안목을 과신하겠지만 난 그 안목을 믿을 수가 없다. 더 큰 문제는 이런 일이 아마추어 야구선수들에게 비일비재하게 일어나고 있다는 것이다.

미국에서는 어릴 때는 가능하면 여러 포지션을 두루 시킨다고 한다. 각각의 포지션에서 요구하는 운동능력이 다르기 때문에 각 포지션을 경험하면서 필요한 운동능력을 향상시키기 위함이다.

예컨대 외야수는 타구를 쫓아가기 위해 스피드가 중요할 것이고, 내야수들은 빠른 타구를 처리하기 위해 민첩한 움직임이 요구될 것이다. 내야수 중에서도 3루수와 유격수, 2루수, 1루수의 움직임이 다 다르기 때문에 각각의 포지션에서 연습하거나 게임을 하면서 향상되는 움직임이나 운동능력들이 다르다.

하지만 한국은 어떤가? 아주 짧은 시간에 어린 선수를 판단해버리고 한 포지션에 전부를 걸게 하지 않나. 앞에서 말한 중학생 선수들처럼 말이다.

그런데 만약 타자로 능력이 좋은 학생이 중학교 1학년 때부터 투수만 했다고 가정해보자. 거기다 투수만 하다가 어깨가 아파 야구를 그만뒀다면 얼마나 안타까운 일인가. 또한 중학교 때부터 투수로만 뛴 선수는 프로나 대학에 갈 때쯤이면 어깨나 팔꿈치가 고장 나 있을 것이다. 경기에서 이기기 위해 그 선수의 어깨와 팔꿈치를 혹사시킬 것이 뻔하기 때문이다.

한편으로 이렇게 하나의 포지션만 하다가 고등학교 진학하고, 프로나 대학에 진학할 시기에 그 포지션에서 두각을 나타내지 못하면 어떻게 할 것인가?

한 어린 선수의 미래를 좌지우지할 정도로 그 지도자들의 능력이 뛰어난지 묻는다면 난 자신 있게 대답할 수 있다. 절대 아니라고.

우리나라에서는 리틀야구든 중학교 야구든 이기는 데만 급급하니 선수의 능력을 너무 빨리 판단하고 한정 짓는 우를 범한다. 선수의 미래를 위해서라도 어릴 때는 여러 포지션을 두루두루 경험하게 해야 하지 않을까. 중학교 첫 시험에서 국어 50점, 수학 50점, 영어 80점 성적이 나왔다고 영어 공부만 주야장천 하게 할 것인가.

한 강연에서 이런 말을 들은 적이 있다. 40대에 성공하는 사람들을 분석해봤더니 어릴 때부터 한 우물만 팠던 사람은 많지 않았다고 한다. 이것저것 여러 일을 해보면서 실패도 경험하고, 30대쯤 되어 자신이 제일 잘할 수 있는 것을 발견하고 나서 그 일에 매진했더니 40대에 성공한 사람으로 인정받은 것이라고 한다.

만 13세 선수의 재능을 미리 판단한 지도자가 얼마나 어리석고 위험한지 알 수 있는 이야기이다. 성공이라는 목표에 닿기 위해서는 실패를 떼어놓고 생각할 수 없다. 우리는 실패를 통해 재능과 능력을 찾을 수 있다.

그러기 위해 정말 중요한 것은 그 실패를 견디고 자신의 재능을 찾을 때까지 주변 사람들이나 사회가 기다려줄 수 있느냐 하는 것이다. 단 한 번에 성공하는 건 너무나도 어렵다. 행여 실패 없이 성공한다 하더라도 그게 정말 좋은 것인지 생각해볼 필요도 있다.

정신과 의사들이 농담처럼 하는 말이 있다고 한다. '인생의 가장 큰 저주는 어린 나이에 성공하는 것.'

하고 싶은 대로 하게 둬라

우리나라 리틀야구는 세계 최강이다. 하지만 성인이 되면 미국이나 일본 선수들에 비해 많이 뒤처진다. 물론 미국이나 일본에 비해 비교하기 힘들 만큼 아마추어 선수의 숫자가 부족해서 그런 것일 수도 있다.

박태웅의 《눈 떠보니 선진국》에 따르면 대구북구 유소년팀 홍순천 감독은 한 인터뷰에서 한국 투수들이 리틀야구에선 세계 최강이다가 성인이 되면 미국, 일본 선수들에 뒤지는 이유를 이렇게 말했다고 한다.

"어릴 때부터 변화구와 같은 기술을 빨리 사용해 상대를 제압한다. 그러나 기술로 접근하면 본능적으로 하는 동작이 사라진다. 무리하니 부상도 온다. 150km 이상 던지려면 기본적 운동능력이 필요하다. 야구뿐만 아니라 육상, 수영, 배드민턴, 요가와 같은 다양한 종목으로 반응속도, 근력, 시각능력을 키워야 한다. 무엇보다 아이들은 마음껏 뛰어놀아야 한다. 지도자는 재미있게 끌고 가는 게 중요하다."

하지만 우리나라 현실은 그렇지 못하다. 마음껏 뛰어놀기는 커닝 경기에서 이기기 위한 압박감을 견뎌내며 이기기 위한 연습만을 하고 있다. 이런 환경에서는 좋은 선수가 나오기 힘들다고 본다.

물론 일본에서도 우리나라와 비슷한 방식으로 어린 야구선수들을 지도한다고 말하는 사람도 있을 것이다. 하지만 일본에는 야구부만 수천 개가 있고, 선수 숫자가 우리나라의 그것과는 비교가 안 될 정도로 많다. 우리나라와 단순 비교하는 것에는 무리가 따른다.

간혹 스포츠 중계를 볼 때 해설자들이 이런 말을 할 때가 있다. "이 선수의 플레이는 예측할 수 없어 상대팀 입장에서는 대처하기가 아주 어려울 것이다."

상대가 예상하지 못하는 플레이, 그동안 배워온 것들을 기본으로 새로움을 창조하는 능력. 이것이 운동선수들에게 창의력이 필요한 이유이다.

코칭 스태프 워크숍에서 한 코치가 선수들의 창의력을 키워서 좋은 성적 내겠다고 발표한 적이 있다. 그때 구단 고위 임원이 어떻게 창의력을 키울 것인지 질문했다. 해당 코치는 엄청 당황하여 아무 대답도 못 했다. 창의력이라는 그럴싸한 단어를 가지고 발표는 했으나 정작 구체적 방법은 없었던 것이다.

내 생각에 선수들의 창의력을 키우려면, 특히 어린 선수들부터 자기가 하고 싶은 대로 하게 내버려둬야 한다. 창의력에 가장 방해되는 게 틀 안에 계속 가두는 것이다. 게임 중 코치나 감독이 지시하는 대로, 사인 나는 대로 해서는 그 틀을 벗어난 생각을 하기 힘들다. 선수들이 직접 판단하고 실행하고, 팀이 승리하기 위해서는 어떻게 하는 게 가장 좋은지 스스로 결정하게 하면 더 나은 방법을 찾아나갈 수 있을 것이다.

내가 아는 농구선수 이야기이다. A선수는 대학 입학 당시 고교랭킹 1위의 선수였고, 프로팀에 입단할 때도 1라운드에 지명받은 전도유망한 선수였다. 반면 B선수는 그때 당시 좋은 대학에 가지도 못했고, 프로팀 지명도 A선수보다 낮은 레벨에서 되었다. 그런데 훗날 B선수는 누구도 범접할 수 없는 최고의 선수가 되었지만, A선수는 그저 그런 평범한 선수로 은퇴를 하게 된다.

A선수에게 물어본 적이 있었다. 'B선수는 그저 그런 선수였는데 어떻게 이렇게 잘하게 되었냐'고. A선수에 따르면 B선수는 대학을 가서부터 주전으로 뛰었는데, 그 선수에게 누구 하나 뭐라고 하는 사람이 없었다고 한다. 그래서 그 선수는 정말 자기가 하고 싶은 대로 농구를 했다는 것이다.

이때가 둘의 미래를 달라지게 했다. 선수들을 틀 안에 가두지 말고 틀 밖에서 뛰어 놀게 하라. 우리가 상상할 수 없는 창의력이 생길 수도 있다.

┃ Next
┃ Step

내가 존경하는 정신과 의사이자 스포츠 정신의학의 대가로, 《불안한 것이 당연합니다》를 쓴 한덕현 교수님이 아주 오래전에 이런 말을 해주신 적이 있다. '신약이 개발되면 그 부작용에 대해 엄청나게 공격을 받는다. 하지만 그 신약을 만든 회사는 많은 사람들이 부작용에 대해 얘기하고 있을 때 다음 신약에 대한 고민을 한다'는 얘기였다. 물론 모든 제약회사들이 그렇다는 얘기는 아니고 적절한 비유를 들어 설명해주신 것이다.

10여 년 전에 들었던 이야기지만 마음에 새기며 야구단에서 선수들에게 필요한 다음 스텝에 대해 항상 고민해왔다. 내가 생각하는 우리나라 야구선수들에게 필요한 다음 스텝은 '환경'이다.

여기서 환경이란 물질적인 환경을 말하는 것이 아니다. 선수들이 창의적인 플레이를 하고 즐겁게 야구를 할 수 있는 환경을 말한다. 지도자들이 창의적으로 훈련하라고, 즐겁게 야구하라고 말은 많이 하지만 현실은 그렇지 않다. 창의적이고 즐겁게 야구를 할 수 있는 실질적 환경을 만들어주면 많은 선수들이 본인의 능력을 극대화시킬 수 있을 것이다.

지금은 특히 창의력이 중요한 시대이다. 많은 기업들에서 창의력 있는 인재를 뽑는 데 큰 노력을 기울인다. 예컨대 요즘 가장 핫한 기업 중 하나인 넷플릭스는 창의력을 필요로 하는 업무와 단순한 관리 업무를 분리해 창의력이 필요한 업무는 업계 최고 연봉을 주며 인재를 뽑는다고 한다.

요즘 우리나라 IT기업들의 업무 환경도 많이 개선된 것으로 알고 있다. 우리가 일반적으로 생각하는 사무실이 책상마다 파티션이 있고 서로 얼굴을 볼 수도 없으며 오로지 일만 하는 곳이라면, 요즘 IT회사들을 보면 사무실인지 카페인지 헷갈릴 정도다. 직원들끼리의 잡담을 권장하는 회사도 있다고 한다. 잡담하다 보면 새로운 아이디어가 나올 수도 있기 때문이다.

《눈 떠보니 선진국》의 저자 박태웅은 한 칼럼에서 "뇌과학의 최신 연구에 따르면 인간의 창발성의 정체는 '뉴런의 자유 결합'의 정도에 달려 있다. 머리의 크기나, 주름의 개수가 아니라, 뉴런이 얼마나, 흡사 우발적으로 보일 만치 자유롭게 결합을 하는가가 창의성, 지능을 결정한다는 것이다"고 말한다.

이어 "구글, 페이스북, 넷플릭스 등 최고의 IT회사들이 높은 자유도를 가지고 활발하게 협업을 하는 쪽을 지향한다. 어떤 업무지시도 없이 스스로 알아서 실험을 하고, 사내 협업 툴에 자신이 기획한 프로젝트를 올려 지원자를 구한다. 이들은 누구보다 빨리 실패하고, 누구보다 많이 실패를 함으로써 우발적인 성공을 보듬어 안는다. 기술의 발전이 너무 빨라 앞날을 정확히 예측하는 게 어려워질수록, 조직의 자유도가 중요해진다"고 덧붙인다. 또한 1996년도부터 한국 영화의 부흥기에 대해 이렇게 얘기한다. "1996년에 영화 사전 심의가 폐지된다. 사전 검열이 폐지됐고, 공연윤리위원회도 사라졌다. 사전심의가 폐지가 되고, 뉴런이 사방으로 자유결합을 할 수 있는 길이 열린 것이다."

딸아이를 키우는 아빠 입장에서, 우리 아이가 창의력 있는 인재로 성장하는 게 내 바람이다. 그러기 위해서 어떻게 해야 할지 고민이 많다. 일반적인 아파트 생활을 하는 가정에서 부모가 아이에게 가장 많이 하는 말이 '~하지 마'일 것이다. 층간 소음 걱정에 '뛰지 마', '큰 소리 내지 마' 등등 하지 말라는 말을 가장 많이 한다. 이런 환경에서 어떻게 아이들의 창의력이 길러진다는 말인가. 이런 일이 반복되면 아이들 입장에서는 당연히 어떤 행동을 하기 전에 자기 검열을 하게 된다. 이행동을 해도 되는지 안 되는지, 엄마가 좋아할지 아닐지 등등.

　아이에게 하면 안 되는 여러 행동을 강조하기보다, 아파트에서도 할 수 있는, 또 해도 되고 즐겨도 되는 놀이를 고민하고 같이 만들어나가면 어떨까. 이렇게 아이가 창의적으로 사고할 수 있는 환경을 만드는 게 우선이다. 창의력은 창의력 학원에 보낸다고 길러지는 게 아니다.

　야구선수들도 마찬가지이다. 우리나라 야구계는 창의력을 기르기 어려운 환경이다. 남들과는 다른, 조금은 독특한 타격폼을 시도하기 위해서는 여러 검열 단계를 거쳐야 한다. '이폼으로 하면 선배들이 뭐라 하지는 않을까?', '타격코치님이나 감독님이 이 타격폼을 싫어하면 어쩌지?' 등 실행하기 전부터 자기 검열을 할 수밖에 없는 환경이다. 이런 환경에서 선수들이 얼마나 창의력을 갖고 자신만의 타격폼을 찾을 수 있을지, 예상치 못한 여러 상황에 얼마나 슬기롭게 대처할 수 있을지 의문이다.

　지도자들의 상황도 크게 다르지 않다. 한번은 창원에서 시합하는 날, 코칭 스태프 회의가 있었다. 창원에서 피홈런(투수가 타자에게 허용한 홈런)이 많이 나와 그 이유에 대해 자유롭게 얘기하는 분위기였다. 그때 내가 '우측 폴대(외야 펜스에 파울과 홈런을 구분하기 위해 세워둔 긴 폴) 방향에 마산 앞바다가 있어 바람이 좌측에서 우측으로 많이 불어 나성범, 테임즈 등 왼손타자한테 홈런을 많이 허용하고, 우리는 우타자가 대부분이라 상대적으로 창원에서는 약하지 않는가' 하고 의견을 얘기했다. 그때 나보다 나이 많은 모 코치가 이렇게 얘기했다. '말도 안 되는 소리 하지 마라'라고.

단지 가벼운 의견을 냈을 뿐인데 말이다. 누군가에게 피해를 주는 것도 아닌데. 그 일이 있고 나서는 비슷한 자리가 있어도 자유롭게 말하기 어려웠다. 가벼운 아이디어에도 저런 식의 비판이 가해지면 다음에 어떤 새로운 아이디어가 떠올라도 쉽게 제안할 수 없을뿐더러 시간을 들여 고민하고 연구하는 노력을 아예 하지 않게 될 수도 있다.

이런 환경을 지도자들이 만들어놓고 선수들에게 창의력 있는 플레이를 하라고 얘기하고 있으니 얼마나 답답한 일인가. 섣부른 판단으로 실효성을 따지기 전에 다양한 의견을 수용하고 자유롭게 생각을 나눌 수 있는 환경을 만드는 일이야말로 우리나라에서 더 많은 창의적인 선수를 만날 수 있는 방법이라고 생각한다.

지시대로만 움직였을 때
발생하는 문제
몇 년 전 페이스북에서 한 야구

팬이 올린 동영상을 본 적이 있다. 한 팀의 내야수들이 서로서로 의견을 공유하며 수비 위치를 수정하고, 이동하고 하는 영상이었다. 그 모습이 특이했는지 한 팬이 영상을 찍어 올린 것이다. 난 그 영상을 보면서 그 팀이 왜 강팀이며, 타 팀과 비교하여 왜 내야 수비가 좋은지 이해할 수 있었다.

보통의 팀들은 더그아웃에서 나온 수비 위치에 대한 지시대로만 움직인다. 타자가 바뀜에 따라 볼카운트가 바뀜에 따라 수비코치가 대부분 지시를 한다. 만약 감독이 수비코치 출신일 경우 직접 지시할 때도 있다. 난 그런 모습들을 보면서 수비코치는 참 부지런해야 하구나 하는 생각이 들면서도 저 지시 내용이 얼마나 어려우면 선수들이 능동적으로 하지 못할까 싶은 적도 많다. 해당 상황에서 코치가 그렇게 판단하는 이유에 대해 설명해주고 향후 비슷한 상황이 생겼을 때 그 내용을 토대로 수비 위치를 잡을 수 있게 설명해주면 더 좋지 않을까. 안타깝게도 내 경험에 한해 그렇게 하는 코치를 본 적은 없다.

여러 이유가 있겠지만 내가 생각하는 이유 중 하나는 수비할 때 선수들이 알아서 하면 코치가 아무것도 안 한다고 욕을 먹을 수 있기 때문이다. 또 다른 이유는 코치가 선수들을 믿지 못하기 때문이다. 코치들은 선수들이 알아서 하는 게 제일 좋다고 말하면서도 정작 그렇게 맡기지는 못한다. 코치가 선수들을 프로 선수처럼 대하면 프로처럼 행동할 것인데, 코치가 선수를 아마추어 선수처럼 대하면서 선수들이 프로처럼 되길 바라는 것은 욕심이다. 먼저 신뢰하고 맡기면 능동적으로 변하지 않을 선수들이 없을 것 같은데 말이다.

이렇게 선수들이 지시만 받아서 움직이면 예상치 못한 상황이 생겼을 때 당황하고 만다. 한번은 B팀과 경기 중 우리팀 선수가 투수와 포수 사이에 아주 높게 뜨는 플라이를 쳤다. 1루수와 포수가 잡으려고 했지만 놓쳐버렸고 공은 회전이 걸려 1루 파울라인 바깥으로 굴러갔다. 그런데 그때 1루수가 재빨리 그 공을 잡는 것이 아닌가.

상대팀 입장에서 플라이볼을 잡는 게 최선이겠지만 놓쳤을 경우 굴러가는 공을 그대로 둬 파울로 만드는 게 차선이었다. 그런데 파울이 되려고 굴러가는 공을 수비수가 굳이 잡아 안타로 만들어주는 상황이 되어버린 것이다. 그 상황을 옆에서 보고 있던 미국 선수가 큰소리로 얼마나 욕을 했는지 모른다. 우리팀엔 아주 좋은 상황이었지만 외국인 선수의 눈에 엄청 한심해 보였을 것이다.

그래서 내가 그 외국인 선수에게 물었다. 왜 그런 것 같냐고. 선수들이 생각할 시간을 주지 않고 연습만 시키고, 지시만 받고 움직여서 그런 것 같다는 대답이 돌아왔다. 내야에 뜬공을 놓쳐서 파울이 되는 상황은 연습하지 않았기 때문이다.

코로나 팬데믹 상황에서 각 나라의 대처가 서로 비교되곤 한다. 그중 가장 의외인 국가가 일본이 아닐까 싶다. 일본은 지진이 많이 발생하는 나라로 재난 대응 수준이 세계 최고로 알려져 있다. 일본의 재난 대비 매뉴얼은 상상 이상으로 꼼꼼하다고 한다. 우스갯소리로 화장실 가는 지침까지 있다고 할 정도이다. 그런 나라인 일본이 코로나에 대응하는 수준은 선진국 중 최악으로 평가받는다.

여러 이유가 있겠지만 많은 전문가들이 일본은 매뉴얼 사회라서 그렇다고 진단한다. 즉, 코로나 상황에 대한 매뉴얼이 없기 때문이라는 것이다. 코로나는 이전에 경험하지 못한 일이기 때문에 매뉴얼이 없다. 매뉴얼이라는 것은 과거의 경험과 데이터를 기반으로 만드는 것이다 보니 지진과 같이 긴 시간 경험해본 상황에서는 어떤 나라보다 뛰어난 대처 능력을 갖추고 있지만 매뉴얼이 없는 상황에서는 우왕좌왕하는 것이다.

야구단에서도 경쟁이 붙을 정도로 매뉴얼 만들기에 열을 올리던 때가 있었다. 매뉴얼을 만들고 참고하는 게 나쁘다는 얘기는 결코 아니다. 하지만 그 매뉴얼을 뛰어넘을 수 있는 선수들을 어떻게 육성하는지가 더욱 중요한 문제가 아닐까. 선수들을 창의적으로 만들고, 예상하지 못한 상황이 발생했을 때에도 유연하게 잘 대처할 수 있게 육성하는 게 팀을 정말 강하게 만드는 게 아닐까. 이렇게 하면 장기적으로 좋은 선수들이 화수분처럼 계속해서 나올 수 있을 것이다.

앞에 언급한 수비가 강한 팀 이야기로 돌아가보자. 그 팀에 있는 친한 선수에게 수비가 강한 이유를 물었다. 그 선수의 대답은 선수들이 알아서 할 수 있는 환경을 만들어주다 보니 코치들이 특별히 지시할 것이 없어졌고, 그 덕분에 선수들은 그라운드에서 즐겁게 뛰어노는 마음으로 경기에 임할 수 있게 되었기 때문이라고 했다. 말로만 창의적으로 알아서 해보라고 할 것이 아니라, 선수들이 경기를 즐기고 능동적으로 할 수 있는 환경을 만들어주고 기다려주는 것이 왜 필요한지 알 수 있는 부분이다.

How, How long, How much의 차이

난 연습을 많이 하는 게 싫다. 연습시간 내내 지켜보고 있는 나도 힘이 드는데 선수들은 얼마나 힘이 들까. 연습을 많이 시킨다는 건 지도자가 '제대로 된 방법'을 알려주지 못하고 있기 때문이 아닐까. 만약 제대로 된 방법을 알려주었다면 선수가 무턱대고 연습을 많이 할 필요를 느끼지 못할 것이기 때문이다.

How와 How long, How much는 비슷한 말 같지만 완전히 다른 말이다. 모두 'How'가 들어 있지만, 어떻게와 얼마나 오래, 얼마나 많이, 이렇게 다른 말이다.

야구판에 있으면서 나는 어떻게 가르칠지, 어떻게 잘하게 만들지 등등, 우리 모두 How에 관심을 가지자는 얘기를 해왔다. 하지만 대부분의 지도자들은 연습을 얼마나 오래 했는가, 얼마나 많이 했는가에 더 관심이 많다.

서울 대치동에 가면 전국에서 제일 유명한 1타 강사부터 고액 연봉을 받는 강사들이 줄줄이 있다. 왜 많은 부모들이 큰돈을 지불하면서까지 대치동에 있는 유명한 선생님을 찾아다닐까? 뭔가 특별한 게 있으니까 찾아가는 것 아니겠는가.

내가 1타 강사를 직접 겪어본 건 아니니 정확하게 알 순 없지만, 학창 시절 짧은 경험을 대입해보면 그 이유를 어림짐작으로나마 알 것 같다.

고등학생 시절, 전교 1등 하는 친구들은 교과서만 공부했지만 난 그 정도 실력이 안 되어 교과서 외에 좀 더 특별한 방법이 필요했다. 개인과외를 받을 형편까지는 안 됐던 나는 시내에 있는 단과 학원을 다니기로 했다. 학원비가 비싸지 않았기 때문에 한 반에 300명 정도 수업을 들었던 것으로 기억한다.

그중 수학과 물리 수업 때 받은 충격이 아직도 기억에 남는다. 그 이유는 너무 쉽게, 또 잘 기억할 수 있게 설명했기 때문이다. 무엇보다 수업시간이 너무 재밌었다. 각자의 유머와 독특한 암기 방법, 설명들이 있었다. 당시 선생님들도 학생수가 많아야 수입이 늘어나는 구조였기에 내부 경쟁도 치열했을 것이다.

만약 학원에 갔는데 선생님이 '교과서 중심으로 열심히 공부해, 공부하는 시간을 늘리고 책상에 오래 앉아 있으면 시험 성적 오를 거야'라고 얘기하면 누가 거길 가겠는가. 경직되지 않은 분위기 속에서 문제를 쉽게 푸는 방법을 알려줘야 학생들도 공부가 재미있지 않을까.

나는 우리나라 야구 지도자들도 강남 1타 강사처럼 이 방법, How에 더욱 관심을 가졌으면 좋겠다. 연습을 많이 안 해도 선수들의 실력이 향상될 수 있게 만드는 방법들이 있으면 좋겠다. '너는 2군 선수니까 연습 더 해야 돼' '어리니까 더해야지, 암', 이런 말은 그만 듣고 싶다.

아마추어 야구부에서 좋은 지도자가 되어 좋은 선수를 기를 수 있게 내 나름대로 도움을 주고 싶어도 그럴 수 없는 게 현실이다. 아마추어 야구부를 대상으로 강의를 나간 적이 많다. 아마추어 감독의 요청이 있어서 간 적도 있고, 인연이 있는 학교 체육교사의 요청으로 간 적도 있다. 많이 준비하고 열과 성을 다해 강의를 하지만 끝나고 나서 내가 느끼는 감정은 대부분 비슷했다. 지도자들은 내 말을 듣기 싫어한다는 것이다.

한번은 강의가 끝나자마자 선수들을 모아놓고 내가 강의한 내용은 자기네 학교와는 관계없으니 신경 쓰지 말라고 말하는 지도자도 있었다. 또 한번은 강의가 끝나고 한 코치에게 이런 질문을 받은 적도 있다. "그래도 어린 선수들은 속된 말로 훈련으로 조져야 되는 거 아닌가요?" 내가 되물었다. "코치님 나이가 어떻게 되세요?" 그는 32살이라고 답했다. 나는 이렇게 말했다. "그러니까 코치님이 야구선수로 성공 못하고 일찍 야구를 그만둔 겁니다."

소위 훈련으로 조지는 시대는 지났다. 이제 많은 지도자들이 어떻게 가르칠지, 어떻게 잘하게 만들지를 더 많이 고민했으면 좋겠다.

장점의 극대화

2006년으로 기억한다. 현 롯데 자이언츠 감독인 래리 서튼이 현대유니콘스에서 선수생활을 할 때이다. 당시 현대유니콘스에는 외국인 선수가 2명이 있었는데 래리 서튼과 미키 캘러웨이였다. 나는 래리 서튼과 가깝게 지내면서 미국 야구에 대한 궁금증과 고민을 털어놓았다. 그때 그가 우리나라에서 야구를 하며 느낀 점을 얘기해주었는데, 아직까지 기억이 생생하다.

가장 큰 차이는 미국은 선수를 평가하는 항목 10가지 중 9가지를 못하고 1가지를 잘하는 선수가 있으면, 그 1가지의 장점을 극대화시키기 위해 노력한다고 한다. 하지만 한국은 9가지의 장점이 있어도 1가지의 단점을 고치려 하는 것 같다고 했다.

사실 많은 사람이 말로는 장점을 극대화하고 선수가 잘하는 걸 시켜야 한다고 하지만 실상은 그렇지 않다. 눈에 보이는 단점을 얘기하지 않는 것도 힘들뿐더러 우리나라는 칭찬에 인색한 분위기 아닌가.

한 선수가 있었다. 홈런타자였는데 극단적으로 당겨치는 선수였다. 담당 지도자는 밀어치는 능력만 추가되면 정말 우리나라 최고의 선수가 될 거라고 선수를 설득했다고 한다. 말은 틀린 말이 아니기 때문에 그 선수도 지도자가 시키는 대로 따라 했다고 한다.

그리고 1년 후, 이 선수는 자신이 어떻게 쳐야 하는지도 잘 모르겠다고 호소했다. 밀어치기를 잘하여 이른바 스프레이형 타자(당겨치기[오른손 타자 기준으로 좌익수 방향으로 치는 것], 밀어치기[오른손 타자 기준으로 우익수 방향으로 치는 것] 모두 능한 타자로 운동장 여기저기에 강한 타구를 만들어냄)가 되려고 노력했는데 결과는 당겨치는 능력까지 없어진 것이었다. 이 케이스는 말하자면 배리 본즈에게 밀어치라고 얘기하는 것과 똑같은 것인데… 참 안타까운 일이었다.

다음은 어느 고등학교 1학년 선수의 얘기다. 이 학생의 친척 중 나름 유명한 야구선수가 있었는데 지금은 은퇴 후 레슨장을 운영하고 있다고 했다. 이 학생은 야구를 더 잘하기 위해 친척이기도 하니 큰 기대를 하며 레슨장을 방문했다고 한다. 그런데 이 학생은 단 한 번의 레슨 후 그 레슨장을 찾지 않았고, 주변에서 그 친척 선수에 대해 물으면 그렇게 시큰둥했다고 한다. 왜 그랬을까? 조금 과장하면 그 친척 코치가 한 시간 동안 단점만 수십 가지를 지적하더라는 것이다.

해당 코치의 마음을 이해 못하는 건 아니다. 레슨을 받으러

왔으니 부족한 부분을 나아지게 만들어야 하고, 특히 친척이니 그런 마음이 더욱 앞서서 그랬을 것이리라. 사실 이건 단순히 그 사람만의 문제가 아닌 우리나라 지도자 대부분이 공통적으로 가지고 있는 문제다.

말로만 장점을 극대화한다고 하지 말고 장점이 무엇인지 보려는 노력부터 해보자. 그러면 칭찬이 아주 자연스럽게 나올 것이다. 칭찬에 돈이 드는 것도 아닌데 너무 아끼지 말자.

▍유망주가 '만년' 유망주가 ▍되는 이유

2012년경 프리미어리그 아스널에 진출한 박주영 선수는 게임 출전을 못 하고 벤치만 지키는 신세였다. 이 상황을 안타까워하며 축구인들이나 기자들이 우려 섞인 전망을 하곤 했다. 아무리 좋은 클럽에 있더라도 게임에 출전하지 못하면 좋지 않다는 이유였다. 그래서 2014년 브라질 월드컵 당시 홍명보 감독이 박주영을 선발할 때 많은 비판을 듣기도 했다. 게임 출전도 하지 않던 선수를 뽑으면 안 된다는 이유로.

나는 이 얘기를 워크숍에서 자주 했다. 아스널은 세계적으로 유명한 축구팀 중 하나이고, 또 가장 유명한 감독 중 한 명인 벵거 감독 밑에서 열심히 훈련하고 기본기를 잘 다지고 있는데 왜 부정적인 이야기를 하는 것인가. 더 의아한 건 박주영의 상황에서는 게임을 뛰는 게 중요하다고 주장하는 사람들이 같은 상황을 야구에 대입하면 동의하지 않는다. 이상한 일이다.

우리나라 야구에서는 백업 선수들이 주전 선수들을 이기기란 무척이나 어렵다. 감독의 총애를 한 몸에 받아서 무한한 기회를 주면 몰라도 갑자기 주전을 밀어내고 그 자리를 차지하는 건 하늘의 별따기다.

각 팀을 들여다보면 10년째 유망주들이 있을 것이다. 그 유망주들은 지난 10년간 엄청난 훈련을 했는데도 주전 선수를 이기지 못하고 있다. 그 이유가 뭘까. 첫째, 유망주들은 주전들이 쉬고 있을 때 훈련을 해야 하기 때문에 체력적으로나 힘에서 주전들과는 경쟁이 되지 않는다. 주전들은 게임이 끝나면 집에 가서 쉬는데 이들은 남아서 야간훈련을 하니 다음 날 누가 경기를 잘할지는 뻔한 일이다.

둘째, 주전들은 자신들이 원하는 야구를 하지만, 이 선수들은 코치들이 원하는 야구를 해야 하기 때문이다. 자신들이 원하지 않아도 폼을 수정해야 하거나 야구 스타일도 변경해야하는 경우가 많다.

마지막으로 게임 출전 경험에 그 이유가 있다고 생각한다. 선수들은 게임에서 잘해야 한다. 그러기 위해서는 게임 상황을 많이 겪어보는 것이 중요하다. 아무리 연습에서 여러 상황을 설정해도 게임에서 발생하는 상황들을 모두 연습할 수는 없다. 또한 게임에서의 긴장감, 실수의 경험들이 선수를 성장하게 만든다. 게임 경험이 부족한 선수가 갑자기 훌륭한 선수가 되는 건 거의 불가능에 가깝다. 오랫동안 유망주 생활을 한 선수들은 대부분 1군에서 백업 역할을 하기 때문에 1군에서도 게임 출전을 충분히 하지 못한다. 2군을 가더라도 거기에서 조금만 성적이 좋으면 다시 1군에 가서 백업 역할을 한다. 그래서 2군에서도 충분한 게임을 뛰지 못하는 경우가 많다.

2008시즌 롯데자이언츠는 제리 로이스터라는 프로 야구 사상 첫 외국인 감독이 부임했고 성적도 좋았지만, 내게는 당시 제리 로이스터 감독이 많은 비판을 받은 부분이 뇌리에 강하게 남아 있다. 바로, 2군 선수들에게 기회를 주지 않는다는 것이었다.

로이스터 감독은 설명했다. 2군에서 아무리 잘하는 선수라도 지금 현재 1군에서 주전으로 뛸 수가 없다면 2군에서 게임 출전을 계속하는 것이 좋다고. 대타 한 타석, 가끔 스타팅을 나가면서 대부분의 시간을 더그아웃에 앉아 있는 것보다는 지속적으로 게임 출전을 하는 것이 좋다고. 특히 어린 선수들에게 는 게임 출전이 중요하다는 생각을 가지고 있었다.

비슷한 맥락에서 2020시즌 롯데자이언츠에서는 허문회 감독과 성민규 단장의 대립이 있었다. 이 대립에는 여러 이유가 있겠지만, 한 가지는 유망주 기용 문제이지 않았을까 싶다.

기자들이나 팬들이 허 감독을 비판하는 이유 중 하나도 2군 선수들을 활용하지 않는다는 것이었다. 허문회 감독이 언변이 뛰어난 사람은 아니라 그 뜻이 100% 전달 안 됐을 수도 있다. 미루어 짐작해보자면, 2군에서 아무리 잘하는 선수라도 지금 현재 1군에서 주전으로 뛸 수가 없다면 2군에서 게임 출전을 계속하는 것이 좋다는 생각을 가지고 있을 것이다.

1군 선수가 부상으로 빠지지 않는 이상, 2군 선수가 컨디션이 좋아 1군에 올라와도 할 수 있는 건 더그아웃에 앉아서 열심히 파이팅 내는 것뿐이다. 그러다 대타 한 타석 올라가는 정도. 이런 상황은 선수의 성장에 방해가 되기 때문에 2군에서 게임 출전을 더 많이 하길 바라는 감독의 배려였던 것은 아닐까.

지금은 메이저리그 최고의 타자 중 한 명인 브라이스 하퍼는 신인으로서는 당시 최고인 990만 불을 받고 계약했다. 엄청난 기대를 한 몸에 받은 하퍼를 곧바로 메이저리그에 콜업하라는 팬들도 있었다고 한다. 하지만 당시 워싱턴내셔널스 단장은 "실패할 일을 하지 않겠다"며 하퍼를 마이너리그에 내려 보냈다. 하퍼가 메이저리그에서 대타 역할을 하지 못해서 마이너리그에 보낸 게 아니다. 마이너리그에서 충분한 게임을 하며 기량을 향상시키는 게 선수나 구단을 위해 좋은 일이라 판단한 것이다.

축구선수나 야구선수가 해외로 진출하려고 할 때 대부분 첫 번째 조건이 주전이 될 수 있는지 여부다. 톱리그에서 백업 선수를 하는 것보다는 약간 낮은 리그에서 주전을 하는 게 선수의 미래에 훨씬 좋다고들 얘기한다.

1군에서 더그아웃에 있는 것보다는 게임을 계속 나가는 것이 당연히 도움된다. 이런 인식과 시스템을 개선하면 유망주들이 조금 더 빠르게 성장할 수 있지 않을까.

승리하면

조금 배울 수 있다.

그러나 패배하면

모든 것을 배울 수 있다.

– 크리스티 매튜슨

즐길 수 있는
환경을 만들라

　SK와이번스를 그만두고 미래에 대한 이런저런 고민을 하던 때, 현 여주ID야구단의 유선정 감독을 만났다. ID야구단은 선수들은 엘리트 선수들로 구성되어 있지만 클럽화시킨 고등학교 야구단이다. 유선정 감독이 야구단을 창단하기 전에는 야구 레슨장을 운영하고 있어서 그에 대한 정보를 좀 얻을까 하여 만났는데, 레슨장에 대한 얘기보다 유선정 감독의 야구관에 대한 얘기를 많이 듣게 되었다.

　유선정 감독은 기존 야구인들과는 좀 다른 생각을 가지고 있었다. 그런 생각을 가지게 된 계기가 함께 넥센에 있던 시절 내가 그에게 해준 여러 얘기들 때문이었다고 한다. 이를 레슨

할 때 접목시켜봤는데 결과도 좋았고, 부모나 학생들의 반응도 너무 좋았다고 했다. 그런 얘기를 듣고 내가 가만히 있을 수 없었다. ID야구단을 창단하면 도와주겠다고 했다. 어차피 1년은 쉴 생각을 하고 있었는데 쉬는 동안 이런 팀을 도와주면 좋겠다는 생각을 한 것이다.

그러면서 3가지 조건을 걸었다. 야간운동 하지 않기, 게임때 6회까지 사인 없이 경기하기, 하루에 3시간 이상 훈련하지 않기였다. 유 감독은 나와 똑같은 생각을 하고 있었다며 걱정하지 말라고 했다. 난 그 약속을 꼭 지키라는 당부와 함께 팀에 참여하기로 했다. 그리고 설레기 시작했다. 그동안 내가 프로팀에서 아무리 얘기해도 바뀌지 않던 부분, 아마추어팀에 강의를 다녀도 바뀌지 않던 부분들을 이 팀에서 한번 증명해 보겠노라.

▌스포츠도 사람이 하는 것, 마음을 움직이는 것이 첫째다

팀을 창단하기 전, 선수를 모집할 때 여러 학부모들과 학생들을 대상으로 강의도 하고 개별 면담도 했다. 그때 내가 느낀 것은 학생들의 얼굴이 밝지 않고, 부모들도 근심 걱정이 가득했다는 것이다.

학생들은 야구를 잘하고 싶은데 스트레스가 너무 많다고 했다. 어떤 스트레스인지 물어보니 폼에 대한 스트레스, 러닝에 대한 스트레스였다. '그런 부분들은 이 야구단에 오면 바로 해결될 테니 걱정하지 마라. 만약 감독이 그 부분을 안 지키면 내가 가만히 안 있을 것'이라고 했더니 학생들의 표정이 밝아졌다. 학부모들은 ID야구단으로의 진학을 금방 결정을 하게 되었다.

쉽게 얘기하면 그동안 야구를 잘 못하던 학생들이 모인 것인데, 이곳에 온 아이들의 목적은 명확했다. 스트레스를 안 받고 즐겁게 야구를 하고 싶은 것. 그리고 게임에 더 많이 출전하고 싶은 것.

이런 실력이 부족한 학생들의 훈련 스케줄을 보자. 오후 2시에 훈련을 시작하여 4시나 4시 30분에 마친다. 오전에 각자 주어진 웨이트 트레이닝을 하고 저녁에는 스스로 알아서 시간을 쓰는 것이다. 기존 시스템에 있는 지도자들은 아마 엄청 욕할 것이다. 어떻게 하루 2시간 정도의 연습으로 실력을 향상시킬 거냐고.

2021년 3월 12일 여주ID야구단의 첫 연습게임이 있는 날이었다. 상대는 상우고등학교였다. ID야구단은 한 명만 부상을 당해도 게임을 중단해야 하는 상황이지만, 상우고는 창단

한 지 얼마 되지 않았음에도 선수 수가 많았다. 게임 결과 ID 야구단이 졌다. 이변은 없었다.

하지만 결과만으로 얘기할 수 없는 게 있다. 경기 내용을 들여다보면 ID야구단 3명의 선수가 홈런을 기록했다. 학부모 중 한 분은 지금까지 아들이 야구를 하면서 저렇게 시원하게 그 윙하는 걸 본 적이 없는데 한 달 만에 저런 스윙을 한다는 게 믿기지 않는다고 했다. 더군다나 이 학생은 고등학교 내내 쳐 본 적 없는 홈런을 기록한 것이었다. 이 부모는 주말 내내 아들을 홈런타자라고 부르셨다고 한다.

게임을 보는 나도 놀라웠던 적이 있다. 아이들이 1회초 첫 공격에서 세 타자 모두 초구에 스윙을 한 것이다. 그렇게 하라고 가르친 적이 없는데도 하나같이 자신 있게 눈치 보지 않고 과감하게 스윙을 하는 것이다. 또 하나는, 한 선수가 3볼 0스트라이크 상황에서 스윙을 한 것이었다. 사실 고등학교 야구팀에서 3볼 0스트라이크 상황에서 스윙하는 걸 보는 건 쉬운 일이 아니다. 그런데 ID야구단은 첫 게임에서 그런 모습을 보여주었다.

비록 게임은 졌지만, 너무나 감격스러운 장면들이었다. 어린 친구들이 그동안 어떤 목마름이 있었고, 야구를 왜 못했는지 이유를 명확히 알게 되었다. 그러면서 더욱 확신이 들었다.

나는 확신한다. 어린 야구선수들은 이런 환경들만 바꿔줘도 잘할 거라고. 내가 말하는 환경이란 시설이나 물질적인 부분을 얘기하는 게 아니다. 즐거운 마음으로 운동할 수 있는 환경을 말하는 것이다. 스포츠도 사람이 하는 것이기 때문에 사람의 마음을 움직이는 게 첫째다. 즐거운 마음으로 야구를 하면 실력은 금방 늘 것이다.

유선정 감독에게 당부했던 말이 있다. 'ID야구단에 온 친구들은 기존 시스템에서 야구를 잘 못해서 여기로 온 것이 아닌가. 그런데 만약 감독이 여타 다른 고등학교와 같은 시스템으로 운영하면 난 더 이상 도와줄 수가 없다. 그 약속만 지켜라.'

▌똑같은 일을 반복하면서
▌다른 결과를 기대하지 마라

여주 ID야구단과 함께하면서 여러 고등학교 팀들과 연습경기 하는 것을 지켜봤다. 예상은 했지만 역시나 상대팀에서 나로서는 이해할 수 없는 일들이 벌어졌다.

말 그대로 연습경기였는데도 불구하고 1회에 선수가 실책을 하니 바로 교체해버리거나 실수하는 선수를 불러서 욕을 하는 장면도 적잖이 벌어진 것이다. 더 충격이었던 건 다른 팀 선수는 물론, 그 선수의 부모가 보는데도 전혀 거리낌 없이 감독이나 코치가 욕을 하는 것이었다. 더군다나 그 옆자리에 있는 사람은 교장 선생님과 체육 부장교사였다. 야구부 감독이 학생들에게 그렇게 욕을 하는데, 교육자라는 사람들이 가만히 있다니….

물론 학생들이 어떤 잘못된 행동을 했을 때 교육이 필요하고 훈계도 필요하다. 하지만 상대팀 감독이나 코치가 학생들에게 욕을 하거나 소리를 지르는 이유는 그날의 경기 내용이 마음에 들지 않는다는 것이었다. 야구선수로 학창 시절을 보낸 감독이라면 아이들의 실수나 경기 결과에 대해서도 누구보다 열린 마음으로 이해해줄 수 있어야 하지 않나, 라고 생각하는데 나만 그렇게 생각하나 보다.

이렇게 감독이 소리를 지르고 욕을 하는 모습을 보니, 고등학교 선수들이 왜 항상 주눅 들어 있었는지 이해가 됐다. 실수하면 혼날지도 모른다는 긴장감 속에서 게임을 하니 본인들이 가진 능력을 100% 발휘하기 힘들었을 것이다. 야구를 즐기면서 한다는 것은 꿈도 꿔보지 못했을 것이다. 더군다나 부모님 앞에서 욕을 먹다니, 이 얼마나 가슴 아픈 일인가.

ID야구단 선수들에게 물어본 적이 있다. 이전 학교에서 야구할 때 가장 힘들었던 점이 무엇이었는지. 한 선수는 이렇게 말했다. "감독님, 코치님이 너무 싫었습니다." 구체적으로 어떤 부분이 싫었냐고 하니 '부모님 앞에서 욕할 때'라고 답했다. 대부분의 선수들이 고개를 끄덕이며 공감했다.

내가 직접 눈으로 보고 귀로 들은 일이 감독 한 명의 문제가 아니라 중고등학교 야구부에 만연해 있는 문제라는 것을 그때 깨달았다. 난 왜 이런 일들이 일어나고 있는 것인가. 어떤 구조적인 문제가 있는 것일까. 그 원인을 찾아서 해결할 방법이나 능력이 내겐 없지만, 적어도 선수들에게 어떤 도움을 줄 수 있을지 다시 한번 더 고민하고 노력해야겠다고 다짐했다.

내가 한 팀에서 일할 때의 일이다. 어린 유망주 A선수가 주전이 될 기회를 눈앞에 두고 있었다. 그런데 A선수는 달릴 때 조금은 독특한 자세로 뛰는 특징이 있었다. 보통 빨리 달리려면 팔을 앞뒤로 흔들면서 달리는 게 공기의 저항을 덜 받기 때문에 유리하다. 하지만 A선수는 팔을 옆으로 흔들면서 뛰고 있었다.

아주 열심히 하는 선수라 조금이라도 도움이 되고 싶은 마음에 A선수를 불러서 팔을 앞뒤로 흔들라고 얘기해주고 싶었다. 그때 순간 내 머리를 스치고 지나간 생각이 있다. '나 말고도 얼마나 많은 지도자들이 이 얘기를 했을까?' 결국 난 그 얘기를 하지 않았다.

많은 지적에도 아직 수정되지 않았다면 그에게는 여전히 어려운 일이었을 것이다. 그러니 내게 남들이 가지고 있지 않은 특별한 방법이 있지 않는 이상 다시 언급할 필요가 없다고 생각했다.

다른 팀에서 일할 때, 한번은 감독이 나를 불러 C선수가 술을 좋아하니 잘 관리하라고 했다. 알겠다고 대답을 하면서 속으로는 '내가 그걸 어떻게 컨트롤하지?' 생각했다. 24시간 선수와 붙어 있을 수도 없고, 게임 종료 후 집에서 마시는 술까지 어떻게 관리할 수 있겠는가.

고민 끝에 나는 그 선수를 찾아가 이렇게 말했다. '네가 블론세이브(경기를 마무리하기 위해 올라간 투수가 동점이나 역전을 허용했을 때 기록됨)를 기록했는데 술도 안 마시고 자면 문제 있는 거 아니냐'고. C선수는 처음 들어보는 얘기인지 무슨 말이냐며 관심을 보이기 시작했다. 그래서 내가 이렇게 덧붙였다. '블론세이브를 기록했는데 좋아하는 술도 안 마시고 잠을 자는 건 팀 승패에 대한 애정이 없어 보일 것 같다. 그러니 그런 날은 술을 마셔라'라고 말이다. 대신에 다음 날 지장이 없을 정도만 마시라는 말도 잊지 않았다.

그랬더니 소주를 좋아하던 C선수가 내게 와인을 마시는 건 어떠냐고 물어 왔다. 난 그게 더 나을 것 같다고 답했다. 시즌

이 끝날 때쯤 C선수는 음주량을 전년 대비 1/3로 줄였다고
했다.

사람은 잘 변하지 않는다. 나도 마찬가지일 테다. 하지만 변
화가 어려웠던 이유가 무엇인지, 그동안 어떤 조언을 들어왔
는지를 먼저 파악한 후 그 어려움에 공감하면서 관심을 가질
수 있는 새로운 방법을 제시해봤는가. 이런 노력을 한다면 조
금은 변하게 할 수 있다고 나는 믿고 있다.

이전에 들어봤음직한 얘기라면 차라리 안 하는 게 좋다. 아
무리 좋은 말이어도 상대에게는 잔소리에 지나지 않을 것이
다. 그러니 누가 하든 달라질 가능성도 거의 없다.

〈금쪽같은 내 새끼〉란 TV프로그램이 있다. 나도 딸이 있는
아빠로서 즐겨보는 프로그램이다. 자녀의 문제 행동에 부모들
이 힘들어하다가 출연 신청을 하는데, 이 부모들을 보면 항상
같은 방식으로 아이를 대하면서 아이가 바뀌기를 기대하다가
거의 포기한 상태로 출연한다. 이때 전문가인 오은영 박사가
처방을 내리고 부모가 아이를 대하는 방식이 달라지면 아이의
행동이 바뀐다.

선수들도 마찬가지라고 생각한다. 지금까지의 방식으로 야
구를 잘하면 아무 문제가 없다. 그런데 만약 야구를 못한다면

방법을 바꿔야 할 것이다. 아인슈타인은 말했다. 똑같은 일을 반복하면서 다른 결과를 기대하는 것은 미친 짓이다!

나는 믿고 있다. 학창 시절에 야구를 즐기면서 할 수 있는 환경을 만들어준다면 아이들이 가진 잠재력은 좋은 방향으로 더 크게 성장할 것이라고. 그 결과 더욱 뛰어나고 훌륭한 야구 선수들을 많이 만나게 될 것이라고.

▌무엇이 진짜 최선인가

1등만 기억하는 잔인한 세상, 당신에게 들려주고 싶은 이야기! 영화 〈4등〉의 소개다. 잠시 네이버 영화 소개를 인용해보자. "4등이 뭐, 나쁜 건가요?" 천재적인 재능을 가졌지만 대회만 나갔다 하면 4등을 벗어나지 못하는 수영 선수 '준호'. 하지만 1등에 대한 집착을 버리지 못하는 '엄마'의 닦달에 새로운 수영 코치 '광수'를 만나면서 일어나는 이야기이다.

스포츠계에 오래 몸담고 있으면서 현재도 광수와 같은 코치를 심심찮게 보는 나는 이 영화를 보고 그렇게 큰 충격을 받진 않았다. 하지만 운동부 세계를 전혀 모르는 사람들이 이 영화를 봤을 때는 현실에서 일어날 법한 이야기라고는 쉽게 믿지 못할 것이다. 이 영화를 보면서 내가 기억에 남은 장면은 세

군데이다.

첫째, 광수가 수영장에서 쫓겨날 때 관리자가 한 말이다. "두드려 맞아가며 초 줄이는 건 옛날이고." 그렇다, 세상은 많이 바뀌었다. 우리가 인지하지 못할 정도로 빠르게 변화하고 있다. 한화 수베로 감독은 이런 말을 한 적 있다. '자신이 올드스쿨 성향일 수 있다'고. 요즘 미국 메이저리그에서 시프트 작전 (타자나 볼카운트에 따라 타구가 올 확률이 높은 곳으로 수비 위치를 옮기는 일)을 금지해야 한다는 논의가 있는데 자신은 시프트를 찬성하기 때문에 올드스쿨인 것 같다는 얘기였다.

야구에서 시프트가 유행이 된 게 몇 년 되지도 않았는데, 시프트를 폐지해야 한다는 얘기가 벌써 나오고 있고 그런 시프트를 계속 해야 한다는 주장이 이제 올드한 생각이 되어버린 것이다. 세상이 이토록 빠르게 변하고 있는데 여전히 옛날 얘기를 하며 학생들을 지도하는 지도자나, '라떼는 이랬는데'를 입에 달고 사는 직장 상사들은 도태될지도 모르니 정신을 바짝 차려야 한다.

둘째, 광수 코치가 자신을 찾아온 준호가 수영을 다시 하고 싶다고 하자, "너 혼자 하면 1등 할 수 있다"고 얘기하는 장면이다. 엄마의 과도한 열정과 간섭이 수영선수로서 준호의 성장을 방해하고 있다는 말이다. 영화 말미에 준호는 엄마의 도움 없이 결국 1등을 해내고 만다. 부모들이 흔히 하는 실수 중 하나가 자식을 본인들의 소유물로 생각하는 것이다. 자식도 엄연히 하나의 독립된 인격체로 존중해야 하는데 부모의 욕심으로만 자식을 키우려고 하는 것이다.

친한 친구 하나는 고등학교 체육교사인데, 한 학생과 진로 상담을 하던 중 아이가 펑펑 운 일이 있었다고 한다. 부모가 원하는 진로와 학생이 원하는 진로가 서로 달랐는데, 교사 친구가 아이에게 네가 좋아하는 게 뭔지 잘 생각해보고, 좋아하는 걸 하라고 했더니 학생이 눈물을 펑펑 쏟았다는 것이다.

이 학생 입장에서는 자신이 좋아하는 게 있어도 그걸 부모가 싫어하니까 드러내지도 못하고 눈치만 보며 살았는데, 처음으로 자신을 지지해주는 어른을 만나니 감정이 북받쳐 올랐을 것이다. 남의 얘기가 아니다. 내 또래만 해도, 대부분 자신이 좋아하는 걸 선택하기보다 부모가 바라는 것을 선택하는 경향이 많았다. 시간이 지나고 나서 정작 내가 무엇을 좋아하는지도 모른 채 사는 사람이 많다. 아직도 그런 경향이 짙은 것 같아 마음이 무겁다.

한 고등학생 야구선수의 학부모를 만난 적이 있다. 아이가 작년에 비해 너무 행복해하고 있고, 집에서도 너무 밝아져서 지금처럼만 야구를 계속 했으면 좋겠다고 어머니가 말했다.

그런데 3개월이 흘러 아이가 슬럼프에 빠지자 이 어머니는 많이 조급해했다.

그래서 내가 '불과 3개월 전에는 아이가 행복하기만 하면 된다고 하지 않으셨냐, 왜 이렇게 불안해하시냐'고 하니, 어머니는 다시금 마음을 다잡고 여유를 갖고자 했다. 부모 입장에서는 충분히 그럴 수 있다고 생각한다. 하지만 부모가 욕심을 내려놓으면 아이는 더 좋은 결과를 스스로 만들어낼 수 있음을 잊지 말아야 한다.

셋째, 영화에서 아이 아빠는 신문사 기자인데 광수 코치가 선수일 때 자행했던 폭행에 대한 제보에 '맞을 만하니까 맞았다'는 말로 묵살해버린다. 그때 잘못 그어진 사다리 한 줄로 자신의 아들이 고통을 받게 될 줄도 모르고 말이다.

인생은 사다리 게임과 비슷하다고 나는 생각한다. 사다리 게임에서는 줄 하나를 어떻게 긋느냐에 따라 결과가 결정되지 않는가. 야구계에 있으면서 게임을 보면서도 한 순간의 결정들이 여러 사람의 인생을 좌우하는 걸 보고 그렇게 느꼈다.

수비수가 실책을 하지 않았으면 지금 던지는 투수가 계속 흔들리지 않고 잘 던져서 2군에 내려가지 않았을 수도 있었을 거란 생각, 또 그 실책으로 인해 동점이 되었거나 역전이 되어 다음 공격에서 대타를 써야 하는 상황이 발생하여 대타를 들어간 선수가 안타를 못 쳐서 2군에 가야 하는 상황을 볼 때 같은 경우 말이다.

물론 모든 일을 하나하나 의식하며 살면 얼마나 피곤한 삶인가. 하지만 최대한 좋은 결과를 도출해내기 위해서는 매순간 최선의 방향이 무엇인지에 대한 고민이 필요하다고 생각한다. 비합리적인 것은 개선하려 노력하고, 약자의 편에서 같이 고민하고, 인간을 기본적으로 존중하는 마음을 가진다면, 사다리 게임과 같은 인생에서 언젠가 좋은 결과를 만날 수 있지 않을까.

야구도 인생도
페이스 조절이 중요하다

한 트레이너가 야구선수에게 골프가 안 좋은 운동이라는 칼럼을 기고한 것을 봤다. 야구도 편측운동인데 골프도 편측운동이라 부상의 위험이 높다는 것이다. 이론적으로는 그렇게 생각할 수 있다는 걸 알면서도 한편으로는 야구를 너무 단순하게 보는 것 같아 안타까웠다.

구단 프론트나 코칭 스태프는 선수들이 골프 치는 걸 싫어한다. 난 그동안 야구선수들에게 골프와 같은 취미생활을 권장해왔는데, 그런 나에게 선수들 골프 치는 걸 관리하라는 말에 당황한 적도 여러 번이다.

야구선수의 부상을 걱정하면 골프는 안 치는 게 나을 수도 있다. 하지만 부상이라는 것이 그렇게 단순하지가 않다. 사회인 야구하는 동호인들도 그럼 골프를 치지 말아야 할까? 우리나라 골프 인구가 전부 편측운동을 하고 있는 것인데 그럼 이건 또 어떻게 해야 하는 것인가?

▌밸런스가 ▌중요하다

요즘 워라밸이라는 말이 유행이다. work와 life가 밸런스를 이뤄야 한다는 것이다. 야구선수들도 마찬가지이다.

골프를 즐기는 야구선수들은 게임이 없는 월요일에 필드에 나간다. 인도어 연습장에서 연습하는 선수들은 거의 보지 못했다. 쉬는 날 필드에 나가서 골프를 즐기는 선수를 상상해보자. 잘 치는 선수는 잘 치지만, 못 치는 선수들은 흔히 백돌이(100돌이)라 불린다. 평균적으로 선수들이 필드에 나가면 100타를 친다고 가정해보자.

보통 100돌이 정도의 실력을 가진 선수들은 퍼팅을 3회 정도, 적으면 2회 정도 한다. 총 18홀을 도는 동안 평균적으로 3회의 퍼팅을 하면 54회, 2회를 기준으로 하면 컨시드를 받기도 하기 때문에 36회의 퍼팅을 한다. 그리고 18홀 동안 드라이버로 14회의 스윙을, 아이언으로 4회의 티샷을 한다.

그리고 100돌이 정도의 실력은 대부분 매 홀당 한 번의 어프로치 샷을 한다. 나머지 샷은 아이언으로 한다. 골프 라운딩 100타를 하는 동안 강도 있는 샷은 드라이버 14회와 아이언 14회 정도 하는 것이다. 연습스윙은 계산하지 않겠다. 총 28회의 강한 스윙으로(아이언은 강도가 세지 않다고 하는 선수들도 있다) 부상의 위험에 노출되어 있기 때문에 야구선수는 골프를 치지 않는 것이 좋다고 주장하는 것이다.

이런 이유로 골프는 부상의 위험이 높다고 주장하면서, 막상 선수들에게 야구 스윙을 하루에 1,000개씩 시키는 지도자들이 많았으며, 현재도 300~400개는 기본으로 해야 한다고 주장하는 사람들이 많다. 차라리 스윙 개수를 줄이는 게 부상의 위험을 줄이는 일 아닐까. 선수들이 골프를 치는 게 부상의 위험을 높이는 것이 아니라는 말이다.

골프가 야구선수에게 위험한 운동이라고 주장한 트레이너에게 묻고 싶다. 1,000개씩, 500개씩 스윙하는 선수들을 위해 감독, 코치들에게 강력하게 하지 말아야 한다고 얘기한 적은 있는지….

흔히 사람들은 운동선수들에 대해 혹독한 연습과 자기 절제를 기본으로 해야 하고, 기록이나 성적을 위해 개인의 인권은 조금 경시되어도 된다는 생각을 가지고 있는 듯하다. 하지만 운동선수도 선수이기 이전에 인간이다. 한 사람의 인격체라는 말이다.

지방의 한 인기 프로 야구팀 선수들은 홈경기가 끝나고 치킨집에만 가도 인터넷상에 사진이 올라와서 욕을 많이 먹는다고 한다. 게임 지고 뭐하고 있는 거냐고. 이런 논리라면 일반 회사원들도 퇴근하면 곧장 집으로 가야지 지인들과 술을 마시거나 밥을 먹으면 안 된다. 직원이 술 먹는 모습을 보면 그 회사 사장이 좋아하겠는가.

운동선수들은 몸 관리가 기본이라서 다르지 않느냐고 반박할 것이다. 맞다. 하지만 운동선수들도 스트레스가 있다. 술도 마시고 사람들도 만나서 스트레스가 풀린다면, 그렇게 해야 한다. 혹 선수가 치킨집에 간 것이 1년에 한 번인 특별한 날일 수도 있는데, 너무 가혹한 잣대를 들이밀며 비판하는 것은 아닐까.

운동선수들이 언론 노출이 많고 연봉도 많이 받아 아주 화려해 보여 나도 처음에는 뭔가 딴 세상 사람처럼 생각했다. 하지만 같이 생활하다 보면 이들도 똑같은 사람이다.

연봉을 아주 많이 받는데도 불구하고 구두쇠인 경우도 있고, 외부에서는 아주 카리스마 있고 리더십 있는 선수로 평가

받는 이가 책임질 일이 생길 것 같은 일엔 발을 빼는 경우도 봤다. 수없이 되풀이되는 경쟁 속에서 공황장애를 앓고 있는 선수들도 있다. 팬들의 질책과 야유에 상처를 잘 받는 것도 물론이다.

내가 생각하는 좋은 야구선수란 열심히 하는 선수이다. 내가 생각하는 '열심히'란 연습, 휴식, 영양, 스트레스 관리를 균형 있게 잘 관리하는 선수이다. 하지만 우리나라에서는 '연습만 열심히' 하는 선수가 열심히 하는 선수이다. 문제는 연습만 열심히 한다면 영양 섭취가 제대로 안 될 것이고, 휴식 시간은 부족해져 스트레스 상황에 놓이게 된다는 것이다.

극단적으로 말하자면 이건 열심히 하는 게 아니라 미련한 것이다. 연습만 열심히 하는 것은, 퍼포먼스를 향상시키는 것이 아닌, 선수 본인의 만족 혹은 주위에 보여주기를 위한 것이라 생각한다.

난 자신 있게 얘기해왔다. 쉬는 날 하고 싶은 걸 하며 스트레스를 풀라고. 골프도 마음껏 치라고. 다시 한번 강조하지만 야구선수도 야구선수이기 이전에 인간이다. 선수들도 워라밸이 지켜져야 좋은 성과를 낼 수 있지 않을까.

같은 훈련을 좀 더 한다고
결과가 좋아지진 않는다

대부분의 지도자들은 마무리 캠프를 좋아한다. 시즌 종료 후 1.5군 선수와 2군 선수, 저연차 선수들과 강도 높은 훈련을 할 수 있기 때문이다. 모 감독은 마무리 훈련 예찬론을 펴기도 했다. 마무리 훈련에서 기량이 많이 향상된다는 취지였다. 난 동의하지 않지만. 일단 뭘 많이 해야지 좋아진다는 말에는 거부감이 먼저 생기는 건 어쩔 수 없다.

2018년 시즌 종료를 얼마 앞두고 마무리 훈련에 관한 코칭스태프 미팅이 있었다. 당시 신인왕 강백호 선수의 마무리 훈련 참가 여부에 대한 얘기가 오갔다. 강 선수의 외야 수비 능력이 부족해 훈련을 시켜야 된다는 이유로 마무리 훈련을 참가시키자는 분위기였다. 난 이렇게 얘기했다. '강백호 선수가 수비가 부족한 부분은 인정하지만 마무리 훈련을 다녀오면 수비능력이 좋아진다는 건 동의하지 못하겠다.' 지금 강 선수에게 필요한 건 휴식이지 훈련이 아니라고 했다. 물론 대부분이 나의 생각에 동의하지 않았다.

마무리 훈련을 가든, 스프링 캠프를 가든 전체적인 훈련 스케줄은 비슷하다. 수비훈련 시간만 따지면 오전에 1시간 정도 할 것이고, 오후에 개인 훈련을 30분 정도 추가할 수 있다. 전체 수비 훈련시간 1시간은 다른 외야수들이랑 같이 하는 거라 온전히 강백호 선수에게 할애되는 시간은 20~30분 정도 될 것이다. 엑스트라 훈련을 매일 한다고 해도 하루 1시간 정도 수비훈련을 할 수 있다. 마무리 훈련을 4주 정도 한다고 가정하면 휴일 빼면 대략 20일 정도 훈련일이 있다. 그럼 20일간 20시간 정도 수비훈련을 하면 수비능력이 좋아진다는 거 아닌가.

그래서 난 이렇게 얘기했다. '20시간이면 좋아질 건데 시즌 중에 왜 안 한 거냐'고. 그리고 '1시간을 하든 20시간을 하든 지금까지와는 다른 방식으로 훈련을 시키면 마무리 훈련에 동의하겠는데, 같은 방법으로 훈련을 시킬 건데 시간 좀 더 투자한다고 갑자기 좋아진다는 말에는 동의하지 못하겠다'고.

2군 선수들의 경우도 마찬가지라 생각한다. 2군 선수들은 어차피 1년 내내 2군에서 훈련강도가 높은데 마무리 훈련에서 같은 훈련을 조금 더 시킨다고 좋아질까?

우리나라에서는 2군 선수가 1군이 되기 너무나 힘들다. 그이유는 1군과 2군의 시스템 자체가 다르기 때문이다. 1군 선수들은 시즌 종료 후 휴식이 주어지지만 같은 기간 동안 훈련량은 더 많았던 2군 선수들은 시즌 종료 후 마무리 훈련에 참가해야 한다.

앞서 언급했듯이 야구를 잘하기 위해서는 힘이 중요하다. 시즌이 종료한 후 1군 선수들은 누적된 피로를 충분히 푼 다음 힘을 키울 수 있지만 마무리 훈련에 참가한 2군 선수들은 더 많은 피로를 안고 와서 1군 선수들보다 늦게 힘을 키우는 작업에 들어간다. 거기다 스프링 캠프를 가면 또 어떤가. 주전 선수들은 여유 있게 개막전에 맞춰 컨디션을 끌어올리지만 2군 선수들이나 저연차 선수들은 초반부터 전력 질주를 해야 한다. '촌놈 마라톤한다'는 얘기가 여기서 나오는 것이다.

이런 시스템 자체를 바꾸는 게 좋다고 생각했지만 내 능력 밖의 일이었다. 그래서 2군 선수들에게는 '어떤 방법을 써서라도 빨리 1군 선수가 되어라. 그럼 그 자리를 지키기는 훨씬 쉬울 것'이라고 얘기해준다.

▍그때그때 필요한
▍몸상태는 다르다

2월 1일 스프링 캠프를 떠나기 전 많은 기사가 올라온다. '선수들이 캠프에 맞춰 몸상태를 끌어올리기 위해 따뜻한 지역에 가서 기술훈련도 하고 체력훈련도 열심히 한다'고. 스프링 캠프 출발에 앞서 체력 테스트를 하는 팀도 있다. 체력 테스트를 통과하지 못하면 전지훈련 명단에서 제외하겠다는 말과 함께.

난 이런 기사를 볼 때마다 이런 테스트를 하면 이대호 선수나 류현진 선수는 스프링 캠프를 못 간다고 얘기해왔다. 장거리나 단거리 달리기 테스트를 통과하지 못할 게 뻔하기 때문이다. 물론 이 체력 테스트의 의미도 이해한다. 비활동 기간에 준비를 잘하라는 뜻이리라. 하지만 선수들이 못 미더워 이런 생각을 하는 것은 아닐까.

내가 15년 이상 전지훈련을 다니면서 느낀 점이 있다. 우리는 몸을 너무 일찍 만든다는 것이다. 개막전을 기준으로 100%의 몸을 만들어야 하는데, 몸을 빨리 만들어야 한다고 주장하는 지도자들이 많다. 투수들은 미리 아파야 나중에 안 아프다는 얘기를 하는 지도자도 본 적 있다. 나는 아직도 잘 이해가 되지 않는다. 계속 안 아프면 되는데 왜 꼭 아파야 하는지.

내가 생각하는 몸 만들기는 이렇다. 2월 1일에는 그 시기에 맞는 몸상태 100%를, 2월 15일에는 2월 15일에 맞는 몸상태 100%를 준비하면 된다. 스프링 캠프를 소화할 수 있는 몸상태, 그것으로 충분하다. 2월 1일 첫 훈련 스케줄을 보자. 보통 투수의 기술훈련은 캐치볼, 러닝, 펑고 정도한다. 야수들은 티배팅(높이를 조절할 수 있는 티에 공을 올려놓고 하는 타격 연습), 캐치볼, 펑고, 러닝 정도이다. 강도가 그렇게 세지 않다. 이 스케줄을 소화할 수 있는 몸이 2월 1일에 필요한 100%의 몸이다.

그렇게 몸을 서서히 만들어가면서 2월 15일이면 투수들이라이브 배팅을 실시한다. 투수들 같은 경우는 6~7회 정도의 피칭을 실시한 후 라이브 피칭을 한다. 2월 1일부터 2월 15일까지 보름의 기간 동안 이 스케줄을 소화할 수 있는 몸을 만들면 되는 것이다. 2월 15일에 라이브 피칭을 할 수 있는 몸상태가 100%가 되는 것이다. 개막전을 하는 몸상태를 100으로 봤을 때 아직 그 수준까지는 안 되지만 2월 15일에 하는 스케줄을 소화할 수 있는 몸상태가 되기 때문에 2월 15일 현재 몸상태는 100%인 것이다.

이렇듯 각 시기에 요구되는 100%의 몸상태는 다 다르다. 개막전 몸상태와 비교하면 아직 100%는 아니지만 그때 필요한 몸상태는 준비가 된 것이다. 이렇게 4월 초 개막일에 맞춰 몸상태를 끌어올리면 되는 것이다.

하지만 흔히 지도자들은 자신들의 조급함과 불안함으로 선수들을 푸시하는 우를 범한다. 그러면 선수들은 오버페이스를 하게 되고 결국 부상을 입는다. 2월 1일에 몸상태를 굳이 완벽히 하려고 많은 돈을 써가며 겨울에 따뜻한 곳으로 간다.

2월 1일에 필요한 몸상태는 추워도 충분히 만들 수 있으며, 2월 15일 스케줄을 소화할 수 있는 몸상태는 2월 1일부터 보름 동안 충분히 만들 수 있다. 여유 있는 준비를 하면 비시즌에 꼭 따뜻한 곳으로 갈 이유가 없다는 말이다.

하지만 현실적으로 비주전 선수들이나 신인 선수들은 이런 방식으로 할 수 없다는 것도 잘 알고 있다. 감독 및 코치들에게 빨리 눈도장을 받아야 하기 때문이다. 하지만 오버페이스를 하다 보면 결국 중요한 순간인 연습게임, 시범경기 기간에 컨디션이 주전들에게 밀릴 수밖에 없다. 게임에서 좋은 모습을 보여야지 눈도장을 더욱더 진하게 받을 수 있다는 것은 자명하다. 지도자들도 선수들도 조금 더 마음의 여유를 가지면 어떨까.

요즘은 체력 강화를 위해 일반인들도 동네 헬스장을 많이 찾는다. 회원 등록을 할 때는 의지가 충만하다. 대개 3개월, 6개월, 12개월 회원권을 구매하는데, 기간이 길어질수록 가격이 저렴해지기 때문이기도 하지만, 그때 당시 의지로는 그 기간쯤은 너끈하다고 생각하기 때문이다.

하지만 보통 그 의지는 오래가지 못한다. 초반에 오버페이스를 하기 때문이다. 당장 저울의 눈금이 떨어지는 것을 확인하고 싶어 하고, 남들처럼 우락부락한 몸을 만들려고 과하게 운동한다. 그렇게 과하게 운동하면 몸이 힘들어 다음 날 쉬게 되고, 쉬는 날이 하루 이틀 길어지다 보면, 결국 헬스장에 가지 않게 되는 것이다.

이런 일은 비단 운동에 국한되지 않는다. 사회 초년생들도 처음 회사에 입사해 능력을 즉시 인정받기 위해 자신의 몸을 혹사하는 경우가 있다. 회사에서 인정받고 싶은 마음이 큰 나머지 다른 사람보다 일찍 출근하고 야근도 마다하지 않는다. 그런데 이렇게 일을 하다 보면 번아웃이 와, 일을 지속적으로 하기 힘든 때가 올 것이다.

야구 시즌은 흔히 마라톤과 같다고 비교한다. 마라톤은 1등 하는 것도 중요하지만 다치지 않고 완주하는 것도 중요하다. 완주를 위해서는 페이스 조절이 중요하다. 그래서 난 선수들에게 80%를 강조한다. 몸상태 80%를 유지하는 방법을 스스로 고민하라고 말이다.

몸상태 100%를 '계속' 유지하는 건 불가능하다. 100%를 무리하게 좇다 보면 몸상태가 50%까지 떨어질 수도 있다. 그럴 바에는 처음부터 80%를 목표로 하면 1년 내내 그 상태를 계속 유지하는 게 나을 수 있다. 100%에서 50%로 떨어지는 것보다 결과가 훨씬 좋지 않을까.

야구도 인생도 페이스 조절이 필요한 이유다.

끝날 때까지

끝난 게 아니다.

— 요기 베라

불안해서 쉬지도 못하는
사람들에게

2021년 2월 롯데자이언츠가 스프링 캠프 기간이지만 설연휴 3일을 연속으로 쉰다는 기사가 난 적이 있다. 그에 대해 비판적인 기사도 나왔다. 다른 팀 감독의 부정적인 멘트도 함께 올라왔다. 우리나라 최대의 명절인 설날에, 특수한 상황으로 국내에서 훈련 중이고, 집에서 출퇴근 하는 팀도 있는데, 대체 왜 가족들과 충분한 시간을 보내지 못하게 하는 걸까.

그래도 요즘은 올스타 브레이크에 3일 연속 쉬는 팀도 있고, 스프링 캠프에서도 2일 연속 쉬는 팀이 종종 있기는 하다. 한 15년 전만 해도 2일 연속으로 쉬면 무슨 큰일이 나는 것처럼 생각하는 지도자들이 많았다. 훈련으로 습득한 내용을 연속으로 쉬면 잊어버린다는, 뭐 그런 논리였다.

┃ 감각은 쉽게
┃ 사라지지 않는다

몇 해 전 〈우리동네 예체능〉이라는 TV프로그램에 농구의 이충희 감독이 출연한 적 있다. 오랜만에 코트에 나와 볼은 잡은 이충희 감독은 3점슛 라인에서 슛을 던졌는데 그대로 골인이 되었다. 그 장면을 보면서 새삼 '몸에 기억된 기술은 쉽게 없어지지 않는구나'라고 느꼈다.

예컨대 사람들에게 자전거를 탈 줄 아냐고 물어보면 대부분 그렇다고 대답할 것이다. 취미인 경우를 제외하고는 마지막으로 자전거를 탄 게 언제냐고 물으면 기억조차 가물가물하다고 답할 테지만, 그런데도 사람들에게 자전거를 탈 수 있냐고 물어보면 다 탈 수 있다고 하지 않는가.

이렇듯 우리가 몸에 기억시켜놓은 감각은 쉽게 없어지지 않는다. 평생 야구만 한 야구선수가 며칠 쉰다고 해서 그동안 습득한 기술이 없어지지 않는다는 얘기다.

물론 2~3일의 휴식을 주면 몸상태를 다시 끌어올리는 데 시간이 필요하다고 말하는 사람도 있다. 하지만 2~3일의 휴식으로 몸상태가 그렇게 쉽게 망가지지 않을뿐더러, 쉬면서 가족과 함께 시간을 보내는 동안 얻는 것이 더 크다고 나는 생각한다.

일례로 지난 2021년 2월 설연휴에 5일을 쉰 고교 야구선수들이 내게 이렇게 말한 적 있다. "5일간 쉬어서 불안합니다." 그래서 난 이렇게 되받아쳤다. "5일을 쉬고 난 다음에 연습을 하는데 야구를 못하면 그건 무엇을 뜻하는지 아니? 5일을 쉬었는데 야구를 못하는 건, 원래 야구를 못해서 그런 거지 5일을 쉬어서 야구를 못하는 게 아니다!"

유명한 일화가 있다. 채태인 선수가 넥센으로 트레이드된 지 하루인가 이틀 지난 날, 더그아웃에서 많은 기자들 앞에서도 아랑곳하지 않고 이렇게 소리를 친 것이다. "여기는 연습 안 해요?"

그의 말에 다들 빵 터졌다. 연습을 많이 하던 스타일의 그는 필요한 만큼만 운동하는 시스템이 많이 낯설었을 것이다. 채 선수는 한 인터뷰에서 나와 많은 대화를 나누면서 생각이 바뀌었다고 했다.

"코치님이 이렇게 말했어요. 너 요즘 자전거 안 타지? 하지만 어렸을 때 자전거 타본 적 있냐, 없냐. 자전거 타야 하면 바로 탈 수 있어, 없어? 마찬가지다. 야구 몇 년 했냐. 계속했잖아. 그러면 한번 쉬어봐. 코치님 말씀대로 쉬고서 게임에 나갔는데, 정말로 되는 거예요. 되니까 믿음이 생기더라고요. 그렇게 말로써 제 생각을 바꿔줬어요."

중요한 일을 앞두고 있다면, 지금 필요한 것은 휴식

나는 야구선수가 체력을 회복하고 유지하기 위해서는 휴식이 중요하다고 강조해왔다. 하지만 야구인들은 휴식을 많이 하면 감각이 떨어진다는 애기를 많이 한다. 자전거 타기를 예로 들어 감각은 쉽게 사라지지 않는다고 내가 아무리 애기를 해도 잘 받아들이지 않는다. 지도자들은 당연하고 선수들조차도 쉬는 것에 대해 불안감을 가지고 있다. 이 불안함을 빨리 떨치는 선수가 성공한다는 주장을 계속 해오고 있지만 잘 바뀌지 않는다. 이 논쟁에 대한 답은 아이러니하게도 야구인들이 증명해주고 있다.

2020년 한국시리즈 우승을 어떤 팀이 했는지 다들 잘 알고 있지 않은가. NC다이노스이다. 페넌트레이스 1위 팀이다. 6개월 동안 10개 구단 모든 선수들과 코칭스태프가 1위를 목표로 달리는 이유가 무엇인가? 물론 1위를 하면 포스트 시즌 배당금이 많다. 하지만 그것보다 한국시리즈에 훨씬 유리하기 때문에 다들 1위를 하고 싶어 한다.

정규 시즌 1위를 한 팀은 한국시리즈까지 보통 3주 정도 휴식기를 가진다. 물론 그 기간 동안 연습도 하고 청백전도 하고 연습경기도 하지만 실전게임과는 여러모로 비교가 되지 않는다. 이렇게 본다면 실전 감각을 회복하는 데 시간이 필요할 수도 있다. 하지만 충분한 휴식 덕에 체력적으로 상대팀에 월등히 앞선다.

프로 야구가 계단식으로 포스트 시즌을 치른 건 2020년까시 총 30번. 이 중 정규 리그 1위가 아닌 팀이 한국시리즈 정상을 차지한 건 단 5번(16.6%)밖에 되지 않는다. 거꾸로 83.4%는 정규 리그 1위 팀이 결국 우승을 하는 것이다. 휴식이 그만큼 보약이 된 것이다. 체력적으로 앞선 팀의 결과가 그것을 증명한다.

3주간의 휴식을 갖더라도 경기 감각은 금방 회복된다. 시즌 중 하루 이틀 휴식을 취하는 건 더더군다나 문제가 되지 않는다. 그래서 시즌 중에도 휴식이 그만큼 중요한 것이다. 이 중요한 것을 시즌 중 실천하느냐 못하느냐에 따라 시즌 결과가 크게 좌우된다고 생각한다. 하지만 많은 선수나 지도자가 머리로는 이해해도 막상 실행에 옮기는 데 어려움을 느끼는 것이 사실이다.

현대유니콘스에서 서울히어로즈로 팀이 바뀌고 난 이후 2012년까지 포스트 시즌에 진출하지 못한 당시 넥센히어로즈가 2013년에 팀 사상 처음으로 포스트 시즌에 진출한 이유가 바로 여기에 있다.

지금이야 많은 지도자들이 휴식의 중요성에 대해 인지를 하고 현장에 많이 적용하고 있지만, 그때 당시만 해도 전체 야구단 분위기가 혹독한 훈련만이 살길이라는 생각을 가지고 있을 때였다. 야간 특타 훈련도 많이 했다. 그런데도 당시 처음 사령탑에 오른 염경엽 감독은 훈련시간 축소를 바로 실행해 휴식을 충분히 보장했다.

돌이켜 생각해볼 때, 감독님도 처음에는 마음속에 불안함이 있었을 것이다. 하지만 그 이전해와 성적에서 확연한 차이가 나면서 휴식의 중요성에 대해 더욱 확신했으리라 짐작한다. 나중에는 이런 일도 있었다. 여름이니까 훈련시간을 더 줄이고 휴식을 주라고 지시하시길래, 내가 '적당히 쉬는 게 좋지 너무 많이 쉬면 좋지 않다'는 말씀을 드릴 정도였다.

또 한번은 어떤 선수가 체력적으로 힘들어하고 성적도 좋지 않은 시기라, 내가 게임 출전은 하되 연습은 쉬라고 조언한 적이 있다. 해당 선수가 불안해서 내가 기술담당 코치들에게 얘기해 강제로 연습을 못하게 했다. 그러자 선수도 마지못해 연습을 하지 않았다.

그리고 경기 출전 날, 난 그 선수가 타석에 들어설 때마다 두

손을 모으고 간절히 기도를 했다. 제발 안타 치게 해달라고. 다행히도 이 선수는 그날 안타를 2개나 기록했다. 선수 본인이 직접 연습 대신 휴식을 취하고 경기에 출전해도 아무 문제가 없다는 걸 확인한 것이었다. 이후에는 내가 직접 얘기하지 않아도 선수 본인이 자신의 몸상태에 맞춰 훈련을 조절했다.

돌이켜보면, 나 역시 휴식의 중요성을 알면서도 시행착오를 겪었다. 약 25년 전 수능시험 전날의 일이다. 조금이라도 더 공부하겠다며 방바닥에 엎드려 공부를 하다가 잠들어버렸다. 다음 날 내 몸상태가 어땠을지 쉽게 짐작이 갈 것이다.

시험 당일, 나는 심지어 평소보다 한 시간이나 일찍 일어나 교실에 들러 문제집을 찾아 와 고사장으로 가는 지하철에서 복습하기까지 했다. 이런 노력들이 시험 결과와는 아무 상관이 없었다. 도움이 되기는커녕 몸 컨디션이 좋지 않아 시험 시간에 집중하기가 어려웠다.

이런 행동들은 그저 불안한 마음에 한 행동들이다. 시험을 못 봤으면 내가 실력이 없었던 것이지 전날 공부를 안 해서이거나 마지막으로 문제집을 보지 않아서가 아니다. 지금 생각해보면 너무나 바보 같은 일이다.

게임이 끝나고 밤늦게까지 훈련을 시키는 지도자나 선수 역시 마찬가지다. 물론 다음 날 잘하기 위해서 하는 것이겠지만, 내 눈에는 그저 불안해서 하는 행동으로 보인다. 진짜 다음 날 잘하고 싶으면 야구장 나오기 전까지 푹 쉬고 좋은 컨디션으로 나오는 게 낫지 않을까. 밤늦게까지 훈련을 안 해서 불안하다면 몸을 혹사시키지 말고 정신과 의사를 만나 불안을 잠재울 수 있는 방법을 배우는 건 어떨까.

한편으로 나는 감독이 선수단에 2~3일의 휴식을 주는 거 자체가 감독 자신의 자신감을 피력하는 것이라 생각한다. 그런 메시지가 선수단에 전달될 때 더 나은 결과를 기대할 수 있지 않을까.

내일 중요한 일이 있다면, 지금 무엇을 하는 게 진짜 내게 도움이 될지 잘 생각해보라. 지금 하고 있는 일이 내일 하는 일에 도움이 되는 것인지, 아니면 그저 불안해서 하는 것인지 잘 생각해보라는 얘기다. 대부분은 불안해서 하는 일일 것이다.

준비가 덜 되어 있을 때 불안은 더 크게 찾아온다. 그렇다고 부족한 준비를 메우기 위해 무리를 하다가 성대결절이 와서 오디션을 망치는 참가자가 되거나, 시험시간에 졸려서 답안지를 밀려 쓰는 바보 같은 짓은 하지 말자. 여러 번 얘기하지만 감각은 쉽게 사라지지 않고, 휴식을 통한 컨디션 회복과 유지는 결과에 많은 영향을 미친다.

두 가지만 기억하라.

열심히 뛰고

즐겁게 하라.

– 토니 그윈

트러블을
두려워하지 말라

프로 야구단에서 트레이너가 하는 일은 좁게 보면 선수들의 컨디션 관리, 부상 치료, 웨이트 트레이닝 등이 있다. 처음 헤드 트레이너가 되고 이 좁은 의미의 트레이너 일을 정말 열심히 해봤다. 그런데 아무리 노력해도 부상이 줄지 않는 것이었다.

물론 나의 능력 부족이 원인일 수도 있다. 그래서 미국 전지 훈련 갈 때마다 미국 트레이너들이 일하는 걸 보고 배우고, 질문하고 하여 나름 좋은 프로그램을 썼다고 생각하는데도 부상이 줄지 않았다. 내가 얻은 결론은 이것이다. 부상은 내가 막거나 줄일 수 있는 게 아니라는 것.

10여 년 전만 해도 한국 프로야구 시스템에서 부상은 트레이너가 어떻게 할 수 있는 게 아니었다. 한 달 반의 전지훈련 기간 동안 3,000개의 투구를 하는 팀도 있었고, 밤 11시까지 야간훈련을 하는 일도 흔했다. 사정이 이러하니 야구 부상의 원인 중 가장 비중이 높은 과사용 부상(overuse injury)을 트레이너가 막을 수는 없었다.

그래서 그때부터 트레이너가 하는 일을 조금 더 넓게 보려고 했다. 부상을 줄이기 위해 훈련 시스템을 바꾸려고 한 것이다. 이런 나의 생각, 특히 휴식의 중요성을 코칭 스태프와 구단 프론트들에게 알리기 위해 무단히 노력했는데, 이를 받아들여주고 지지해준 분들 덕분에 부상은 자연스레 줄기 시작했다.

▌언제까지 좁은 의미의 일만 할 것인가

내가 팀을 옮긴 지 얼마 안 됐을 때의 일이다. 11월 중순이 지났을 때인가, 팀의 주축 선수가 병원 진료를 마친 후 의사 선생님이 수술을 해야 한다고 해서 고민 중이라며 찾아왔다. 11월 중순이면 시즌이 끝난 지 한 달 가까이 지났을 때이고 수술이 필요하다고 할 정도면 시즌 중 많은 불편함을 느꼈을 텐데 왜 병원 진료를 이제야 받았는지 잘 이해가 되지 않았지만, 선수와 이런저런 대화를 나눈 후 내 생각을 얘기했다. "지금 수술하면 선수 개인도 손해이고 팀도 손해이다. 상태를 보면 1년 후에 수술해도 될 것 같다."
물론 최종 결정은 선수 본인이 했다. 이 선수는 수술을 1년 미뤘다.

그리고 다음 해 팀 성적이 결정 난 시점에 선수와 다시 얘기를 나눴다. FA 일수를 채우는 이닝이 언제쯤 끝나는지, 수술을 할 생각이 있는지 등을 물어봤다. 선수의 수술 의사를 재확인하고 병원 진료를 한 다음, 시즌 중이었지만 날짜를 잡아 수술을 진행했다. 이 선수는 수술을 빨리 했기 때문에 그다음 해에 개막전부터 정상적으로 게임에 등판할 수 있었다. 선수 본인도, 구단도 특별한 손해가 없었다. 이렇듯 트레이너는 선수와 구단의 입장을 전체적으로 고려해 최선의 결정을 할 수 있도록 적극적으로 일해야 한다고 생각한다.

사범대학 체육교육과를 졸업한 나는 대학 4학년 1학기 때 교생 실습을 나갔다 온 뒤, 교사가 되어서는 안 되겠다는 생각을 굳혔다. 교사라는 직업은 이를 천직으로 여기는 사람만이 해야 한다는 생각이 강하게 들었기 때문이다. 그런데 요즘 현실은 직업적 사명감을 갖고 교사가 된 사람보다는 안정적인 직업인으로서 교사가 된 사람이 많다고 한다.

고등학교에서 아이들을 가르치고 있는, 내 친구 하나는 수업에 대한 고민을 정말 많이 한다. 어떻게 하면 아이들이 수업을 재미있어 할지부터 새로운 수업 내용은 없는지까지 늘 고민하고 공부한다. 그런데 이런 친구에게 꼭 한소리씩 하는 교사들이 있다고 한다. "이 선생은 안 늙을 줄 알아?" "저는 그런 수업에 절대 동참 안 할 테니 알아서 하세요" "그런 수업하다 문제 생기면 당신이 다 책임져" 등등.

친구의 고민과 행동은 아이들을 위한 일인데도 저런 반응들이 비일비재하다는 것이다. 문제는 이런 일이 반복되면, 아이들을 위해 고민하는 게 아니라 주변 교사의 반응을 먼저 고려하게 되니 더 좋은 수업 방식이 나오기 어렵다는 것이다.

적극적으로 일하면 반발은 언제나 따른다. 나도 그런 경험을 무수히 많이 했다. 하지만 기존의 방식대로라면 선수가 부상을 입을 게 뻔하고, 선수와 구단의 손해가 명확한데도 그냥 소극적으로 좁은 의미의 트레이너 일만 할 수는 없었다. 지레 겁먹고 트러블을 두려워하면 제대로 된 일을 할 수 없는 것은 분명하다.

지금까지 트레이닝 코치로 일하면서 내가 많이 한 말이 '제가 책임지겠습니다'였다. 이 말은 그만큼 자신이 있다는 말이며 나를 믿어달라는 의사 표현이기도 했다. 후배들에게도 이런 마음가짐으로 일하라고 얘기해왔다.

어떤 일을 했는데 결과가 좋지 않다고 사람을 쉽게 자르지는 못한다. 대신 욕을 좀 먹을 수는 있다. 그러니 욕먹을 각오하고 다양한 시도를 해보는 적극적인 태도가 필요하다. 이순신 장군이 얘기하지 않았나. 생즉사(生卽死) 사즉생(死卽生)!

▌일을
▌찾아서 하라

어느 조직이든 청와대 정무수석이 하는 일을 하는 사람이 필요하다. 청와대 정무수석비서관은 국회 및 여당, 야당과의 소통 협력을 담당한다. 정무를 담당하는 자리이기 때문에 업무 영역이 모든 국정이라고 해도 과언이 아닐 정도이며, 대통령이 여론 파악 및 고도의 정치적 판단을 내리는 데에도 정무수석의 보고가 결정적이라고 한다. 여야 정치인들의 지역 숙원사업 등을 들어주는 창구 역할을 한다고 해서 '여의도 민원수석'이라고 불린다고도 한다.

야구단에도 정무수석 같은 역할을 하는 사람이 필요한 것은 물론이다. 치료실이나 웨이트장에 온 많은 선수들이 개인적인 고민이라든가 코칭 스태프 및 감독에 대한 불만을 이야기한다. 나는 이런 민원을 해결해주는 것이 나름 보람 있었다. 감독이나 코치들은 선수들에게 애로사항이나 불만이 있으면 언제든지 편하게 얘기하라고 하지만 사실 윗사람에게 편하게 의견을 말할 수 있는 사람이 몇이나 될까. 그래서 내가 대신 중간 조율 역할을 잘 해보고자 노력했던 것이다.

2012년 시즌 종료 후의 일이다. 넥센히어로즈 새 사령탑으로 선임된 염경엽 감독은 나를 방으로 불러 이렇게 말했다. '트레이너실에서 선수들이 불평불만 많이 얘기하지 않나. 선수들이 힘들어하거나 코치들과 소통이 안 되어 해결해주어야 할 것들이 있으면 언제든 나에게 알려달라'는 것이었다.

염 감독은 구단 프론트 생활, 코치 생활을 두루 했기 때문에 선수들과 트레이너들이 어떤 관계를 맺고 있는지 정확히 파악하고 있었다. 코치와 선수들은 (그들의 표현으로) 야구 선후배이고, 야구선수들만의 위계질서가 있어 선수들이 앞에서는 얘기하지 못하는 부분이 많다. 하지만 트레이너실에서는 자신들의 힘든 점을 자주 털어놓곤 한다.

물론 선수들의 모든 불평불만을 전달할 수는 없다. 하지만 해결이 필요한 것들은 감독님께 전달해 많이 해결했던 것으로 기억한다. 트레이너의 또 다른 역할이다.

염경엽 감독은 한 인터뷰에서 나에 대해 이렇게 말씀한 적 있다. "이지풍 코치의 장점은 조율이다. 비야구인 출신의 단점을 장점으로 정말 잘 활용한다"며, "이 코치는 야구인들과 직접적인 관계가 없기 때문에 선수들이 웨이트실에 가면 이 코치에게 자신의 속 이야기를 다 털어놓는다. 그런 이야기를 스스로 판단해 듣고 잊어버리기도 하고 그중 감독, 코치에게 꼭 전해야 할 이야기들도 잘 구분한다. 감독과 선수, 코치와 감독 간의 중간자 역할을 정말 잘한다. 덕분에 팀이 추구하는 방향으로 선수들을 빠르게 변화시킬 수 있다." 다시 봐도 과분한 칭찬이다. 하지만 내 노력을 알아주시는 것 같아 기뻤다.

한번은 한 선수가 내게 이런 고민을 얘기한 적이 있었다. '감독님께서 방망이를 짧게 잡는 게 어떻겠냐는 조언을 해주셨는데, 이해는 되지만 막상 짧게 잡으니 스윙하는 게 너무 어색해서 많이 힘들다'는 것이었다. 누구든 방망이를 짧게 잡는 게 나을 거라고 생각했기에 본인은 어느 누구에게도 말 못할 고민이었던 것이다. 선수의 고충을 충분히 공감할 수 있었기에 어떻게든 해결해주고 싶었다.

나는 선수의 고민을 염 감독님께 전달했다. 그러자 그럼 선수가 원하는 대로 하게 하라고 얘기하셨다. 그러면서도 단 한번도 선수에게 기분 나빠하지 않았다. 내가 전하는 선수들의 고충을 거의 대부분 받아주셨다. 그렇기에 선수들이 더 편하게 나에게 얘기를 할 수 있었던 것이고, 나도 더 보람을 가지고 재미있게 일을 할 수 있었다.

반면, 이런 조율자의 역할을 잘 이해하지 못하고 이상하게 반응하는 지도자도 있었다.

식사 자리에서 어느 팀장이 선수들이 자신을 어떻게 보는지 솔직하게 얘기해달라고 하기에 나는 최대한 솔직하게 말했다. 덧붙여 당시 선수들 입장에서 불편할 수 있는 백넘버 문제에 대해 '선수들끼리 알아서 할 문제이니 관여하시지 않는 게 어떨까요?'라며 조언했다. 그는 그 자리에서 자신의 실수를 인정하면서 관여하지 말아야겠다고 다짐했다.

그런데 바로 다음 날 백넘버에 대해 불만 있어 보이는 선수를 따로 불러 '네가 그렇게 얘기하고 다녔냐'고 물어봤다는 것이다. 이 이야기를 전해 듣고 나는 그 팀장에 대한 실망감을 감출 수 없었다. 이 정도의 내용에도 과민하게 반응하는 것을 보고 앞으로 누가 편하게 자기 의견을 낼 수 있을까.

선수들이 내게 했던 말 중 가장 기억에 남는 말은 '다른 건 몰라도 형한테 애로 사항을 얘기하면 아무도 모르게 조용히 해결해줘서 너무 편하고 야구에 집중할 수 있어서 좋다'였다. 나에게 고민을 털어놓으면서 선수들이 항상 걱정스레 덧붙이는 말이 있었다. "감독님께서 기분 나빠하시면 어쩌죠?" "코치님께서 화내시진 않을까요?" 나는 항상 이렇게 대답해줬다. "걱정하지 마."

어느 조직이든 부서 간 혹은 상사와 부하 직원 간 이견으로 크고 작은 문제가 있을 것이다. 그럴 때 조율자 역할을 할 수 있는 인재를 키워보는 것이 하나의 해결책이 될 수 있지 않을까.

단, 조율자의 존재만큼 중요한 것은 듣는 결정권자의 태도이다. 다양한 의견에 대해 감정을 배제하고 객관화할 수 있는 태도, 그리고 오픈 마인드. 그것이 갖추어진다면 좋은 결과는 자연스럽게 따라오지 않을까.

내 방식을 강요하지 마라

〈미스 함무라비〉라는 드라마가 있다. 그중 한 에피소드가 기억에 남아 있다. 양육권 소송 이야기이다. 소송을 제기한 아빠는 시골에 마당 넓은 집을 구해 자연 속에서 아이를 키우겠다고 했다. 이것이 아이를 위한 길이라 생각한 것이다. 아이를 향한 아빠의 사랑이 느껴지는 대목이지만, 재판 결과 아이는 엄마가 키우게 되었다. 이유가 뭘까.

판결문에 이런 표현이 나온다. '원고 아이들은 모두 하나하나가 새로운 세계입니다. 원고의 평생 꿈이 마당 넓은 집, 아름답지요. 하지만 아이들의 꿈은 아닙니다. 아이들은 이미 자기

세계 속에서 자기 꿈을 키우기 시작했어요.'

아빠의 생각과 입장이 중요한 것이 아니라 아이의 생각이 더 중요하다는 말이다. 이 재판을 맡은 판사는 자신의 딸들과 대화하다 아이들에게 현재 가장 중요한 건 BTS라는 것을 깨닫고 위와 같은 판결을 내린 것이다.

내 교사 지인은 학교에서 많은 학생들을 상담해왔는데, 학생들이 문제를 일으키는 여러 원인 중에서 많은 부분이 부모에게 있다고 한다. 부모들이 모든 문제를 아이의 입장이 아닌 부모의 입장에서 생각하고 쉽게 판단해버리는 오류를 범하기 때문이라고. 그 결과 아이는 자신의 생각을 존중받지 못해 상처를 입고 문제 행동을 일으키게 된다고 한다.

야구계에도 비슷한 일이 많다. 선수들이 무엇을 원하는지보다 지도자 자신이 원하는 방향으로 해석하는 경우를 나는 많이 봤다. 그러다 보니 선수들의 불만은 쌓여가고, 그 불만을 알지 못하는 지도자들은 계속해서 자신의 방식과 방향을 고수하게 된다. 나도 처음에는 선수들을 대할 때 선수가 하고 싶은 것 말고 내가 원하는 것을 강요한 적이 있었다. 선수들은 지도자와의 관계를 생각하다 보니 솔직한 의사표현에 서툴고 수동적으로 따라가게 된다. 이런 일이 반복되다 보면 결과는 불을 보듯 뻔하다. 좋은 결과가 나오긴 어렵지 않겠는가.

내 경우, 문득 어느 날 '나도 선수들을 통제하려고 하는구나'라고 깨달은 후에는 선수들이 원하는 게 무엇인지, 내가 원하는 게 무엇인지, 이 두 가지를 구분하기 위해 많은 노력을 했다. 특히 내게 찾아온 선수들과 대화를 나눌 땐 내가 하고 싶은 말보다 선수가 듣고 싶어 하는 말이 무엇인지 계속해서 고민했다. 그랬더니 나를 찾아오는 선수들이 점점 많아졌다.

2016년 시즌 종료 후 손혁 감독(2019~2020 키움히어로즈 감독)은 한 칼럼에서 나에게 이런 인사를 전한 적이 있다. "내가 많이 부족했는데 그때마다 좋은 이야기를 해줘서 정말 고맙다는 말을 해야겠다. 지풍 코치가 없었으면 난 내가 배운 것을 다 펼치지도 못했을 거야. 그리고 여전히 틀에 갇혀 있었을 텐데 그 틀을 깰 수 있게 해줘서 고마워. 아직도 기억하고 평생 기억할 말이지만 '선수가 듣고 싶은 말이 무엇일까요'라는 질문은 내가 넥센 와서 배운 가장 소중한 문장이 아닐까 생각해"라고 말이다.

사실 내가 언제 저런 조언을 했는지 정확히 기억나지 않는다. 하지만 손혁 감독이 그 말을 기억해주고 칼럼에 언급해준 덕분에 나도 다시 한번 되새기는 계기가 되었으니 감사한 일이다.

누군가 나보다 조금 더 알고 있다는 이유로 하는 말들은 '지적' 또는 '잔소리'로 들리고, 내가 듣고 싶어 하는 말들은 '위로' 또는 '공감'으로 느껴지는 경험을 다들 한 번쯤은 해보았을 것이다. 내 경험상 '지적'보다는 '위로'가 모든 문제 해결의 열쇠가 되는 경우가 많았다. 그러니 상대의 입장에서 생각해보는 것, 상대의 생각을 먼저 들어보는 태도가 선행된다면 어려운 문제도 예상보다 쉽게 해결될 수 있을 것이다.

▍소통을 잘하는 리더란

요즘처럼 '소통' 혹은 '소통의 중요성'이라는 말이 흔한 때가 또 있을까. 아직도 리더로서 가장 중요한 것이 무엇이냐 물으면 소통이라고 대답하는 사람들이 있다. 요즘 시대에 소통은 기본값이기 때문에 조금도 신선하게 다가오지 않지만, 진정한 소통이 이루어지지 않기 때문에 또 강조되는 것은 아닐까.

내가 만난 거의 모든 감독들은 본인이 코치들과 소통을 잘한다고 믿고 있었다. 하지만 대부분의 코치들은 감독이 소통을 하지 않는다는 게 불만이었다. 감독이 코치가 제시하는 의견을 잘 들어주지 않는다는 것이었다.

소통을 중시한다는 말을 자주 하던 한 지도자가 있다. 그는 코칭 스태프 회의를 자주 했는데 난 그 회의가 너무나 싫었다. 전혀 의미 없는 회의였기 때문이다.

정말 충격적인 회의가 있었다. 감독으로서 첫 경기를 치르려면 5개월이나 남았는데, 경기에서 어떻게 이길지 논의하는 게 아니라 승리했을 때 하이파이브를 어떻게 하는 게 좋을지에 대해 회의했던 것이다.

또 전지훈련 중, 시즌에 들어가면 대타로 누구를 쓸지에 대한 회의도 있었다. 한참 동안 갑론을박이 오갔는데도 결론이 나지 않아 답답했다. 끝날 기미가 보이지 않아 난 그 감독에게 이렇게 물었다. "우리 팀 선발 라인업에서 어느 자리에 대타를 쓰실 생각인가요?" 돌아오는 대답은 "없지"였다.

물론 대수비, 대주자, 대타요원을 얼마나 적절하게 구성하는지 중요한 문제이다. 하지만 시즌이 두 달이나 남은 시점에, 라인업에 대타를 쓸 자리도 없다고 인지하면서 장시간 회의를 하는 건 시간 낭비 아닌가.

여러 경험을 거쳐 나는 감독이 되고 싶어하는 코치, 훗날 감독이 꿈인 선수들에게 이런 조언을 했다. "중요하지 않은 것은 코치들이 원하는 대로 해주고, 감독이 생각할 때 정말 중요한 것들은 본인이 하고 싶은 대로 해라."

예를 들면 야구 엔트리는 28명으로 구성이 되는데, 모든 코치들에게 각자가 생각하는 엔트리를 짜보라고 지시하는 것이다. 그러면 경험상 25명의 엔트리는 모든 코치가 일치한다. 나머지 3명이 문제인데, 사실 28명의 엔트리에서 26번, 27번, 28번의 선수는 감독 자신과 생각이 다른 코치의 의견을 수용해줘도 성적에 큰 영향이 없다. 그래서 마지막 엔트리 3명은 생각이 다르더라도 코치들의 의견을 적극적으로 들어주라고 조언한 것이다. 크게 중요하지 않은 문제여도 코치 입장에서는 자신의 의견이 수렴되는 경험을 통해 구성원으로써 소속감을 느끼게 될 것이니 말이다.

하나의 주제를 가지고 각각의 코치들에게 모두 대답을 하게 하는 방법도 있다. 1군에는 보통 9~10명의 코치가 있기 때문에 감독의 생각과 일치하는 코치가 최소 한 명은 있지 않겠는가. 그 코치가 말한 대로 하자고 하면, 실질적으로는 감독이 원하는 대로 했지만 겉으로는 감독이 코치의 의견을 수용한 것이 되는 것이다.

만약 코치 10명의 의견 중 감독과 같은 의견이 없다면, 그건 감독의 생각이 잘못됐다는 말이다. 그때는 감독이 생각을 바꾸면 된다.

이런 의사결정 과정들을 거치다 보면 감독이 소통을 하지 않는다는 이야기는 듣지 않을 것이다. 자신이 원하는 방향으로 이끌어 가면서도 구성원들에게는 소통을 잘하는 사람으로 인식될 것이다. 리더는 중요한 것과 덜 중요한 것을 나누는 연습이 필요하다. 회의에서는 의견을 묻고, 여러 의견 중 본인이 결정만 하는 연습이 필요하다. 그러면 정말 소통을 잘하는 리더로 소문날 것이다.

▌메시지를 공격하지 않고
▌메신저를 공격한다

한번은 A감독을 만난 적이 있다. 코치 시절 그는 감독 및 다른 코치들과 많이 싸웠다는 얘기를 하기에 내가 이렇게 묻기도 했다. "감독님은 그렇게 싸워도 트러블 메이커라는 이미지가 없는데 제가 감독 코치들과 논쟁하면 왜 트러블 메이커라고 할까요?" 돌아온 대답은 "네가 트레이너 출신이라서 그런 것 같다"였다.

야구단에서 일을 해오면서 나의 이미지는 반항아였다. 돌이켜보면 야구선수 출신이 아니다 보니 나름 살아남기 위해 일부러 더 강한 모습을 보인 건지도 모르겠다. 아무튼 반항아이자 트러블 메이커라는 이미지 때문에 손해를 본 적도 많았지만, 만약 내가 그렇게 하지 않고 '좋은 게 좋은 거다'라는 식의 태도를 보였다면 지금의 커리어는 없었을 것이다.

야구단에서 지금은 트레이너 파트가 중요하다는 인식이 있지만 과거에는 사실 그리 인정받지 못했다. 그런 트레이너가 나이 많은 코치들과 야구에 대해 논쟁하고 따지니 트러블 메이커라는 이미지가 굳어진 건 아닌가 싶다.

사실 트러블 메이커라는 이미지보다 더 서운한 것은 내가 전달하는 메시지 자체로 논쟁을 하는 것이 아니라 말투로 공격받는 경우가 더 많았다는 사실이다(나는 인정하지 않는 부분이기도 하다). 본질은 외면하고 본질과는 전혀 상관없는 지엽적인 것에만 관심을 두니 답답할 뿐이다.

한번은 이런 일도 있었다. "형, 그건 형이 잘못한 것 같아요. 저는 형이 이렇게 했으면 더 좋았을 것 같아요. 내가 만약 형보다 나이가 많았다면 욕이라도 하며 혼냈을지도 몰라요"라는 내 말에 "네가 욕했으면 내가 가만히 있었을 것 같아?"라는 반응이 나온 것이다. 나의 진심 어린 충고에 그 진심을 보는 것이 아니라 전혀 중요하지 않은 말의 곁가지만 본 것이다.

예의 없는 태도를 보이거나 막말을 하는 것은 당연히 안 되겠지만 정도를 넘지 않는 이상 그것은 중요한 문제가 아니다. 사람과 사람이 소통을 할 때는 본질에 집중해야 한다고 생각한다.

손으로 달을 가리키는데 달은 보지 못하고 손톱의 때를 본다는 말이 있다. 달을 보라고 손가락으로 가리키는데 손톱에 때가 좀 묻었다고 달을 보지 못하는 사람들이 너무 많다. 상대방의 말을 귀로는 들을 줄 알지만 내용의 의미와 의도를 파악하지 못하는 사람은 인간관계는 물론 조직에 많은 혼란을 야기한다. 글을 읽을 줄 알아도 그 뜻을 이해하지 못하면 글을 읽었다 할 수 없는 것과 마찬가지다. 문제는 이런 사람을 미리 구별해내는 게 어렵다는 데 있다. 이런 사람들과는 소통하기가 너무 힘들다.

손톱에 때가 좀 묻었으면 어떤가. 밝은 보름달만 함께 볼 수 있으면 된 것 아닌가.

당신의 좋은 의견을 상대가 받아주지 않는 이유

한 구단과의 인터뷰 때 내가 받은 질문 하나가 기억에 남는다. '지난 시즌 중 1군 A선수가 여러 데이터상 2군에 내리는 게 좋다는 의견을 냈는데, 감독님께서 그 의견을 받아들이지 않는데 어떻게 해결할 것인가' 하는 질문이었다.

이때 속으로는 이렇게 되물었다. '당신들이 데이터도 완벽하게 준비한 아주 좋은 의견이라고 생각했는데 왜 감독이 안 받아주는지에 대한 생각은 해보았는가?'

돌이켜보면 염경엽 감독과 함께 일할 때 내 의견의 95%는 받아들여졌다. 말이 95%이지 사실 100%라고 해도 된다. 왜 내 의견을 적극적으로 수용했을까? 나는 야구선수 출신도 아니고, 감독님과 취미가 비슷하여 야구장 밖에서 자주 만나는 사이도 아닌데 말이다. 이름값으로 따지면 나보다 훨씬 유명한 코치들이 많은데도 내 의견을 신뢰한 이유는 뭘까?

물론 내 의견이 합리적이지 않거나 설득력이 없었다면 수용하지 않았을 것이다. 사람을 설득할 때 그건 기본값이다. 객관적인 데이터가 결국 신뢰라고 생각할 수도 있다. 하지만 요즘은 데이터의 종류와 양이 방대하기 때문에 반대의 데이터도 얼마든지 찾을 수 있다. 예를 들어 A선수에게 좋은 데이터가 있다면 반대로 안 좋은 데이터도 얼마든지 찾을 수 있다.

사람은 확증편향이 있다. 그래서 대개 보고 싶은 것만 보고, 듣고 싶은 것만 듣고, 믿고 싶은 것만 믿으려고 한다. 그렇기 때문에 사람을 설득하기 위해서는 그런 객관적인 데이터만으로는 부족할 수도 있다.

넥센 시절 염경엽 감독과 구단의 의견이 맞지 않은 적이 있었다. 구단 운영팀에서 아무리 얘기해도 감독의 생각이 바뀌지 않는 것이었다. 그때 당시 운영팀장이 내게 감독님을 한번 만나고 오라고 부탁했다. 댁 앞으로 찾아가는 길에 나는 백화점에 들러 따님에게 줄 빵을 샀다. 그리고 감독님을 잠깐 만나 얘기를 나눴는데, 알겠다며 구단의 뜻을 수용하는 것이 아닌가.

며칠 후 구단 운영팀장을 통해 듣기론 감독님이 이렇게 말했다고 한다. '지풍이가 사온 빵을 보는 순간, 백화점에서 빵을 사기 위해 줄을 섰을 모습을 생각하니 수용하지 않을 수 없더라'라고 말이다(실제로 그 빵을 사기 위해선 꽤 오래 줄을 서야 했다). 그 말은 내가 전달한 데이터에 큰 무게를 두지 않았다는 뜻이다. 앞서 말한 것처럼 반대의 데이터도 얼마든지 찾을 수 있기 때문이다.

원정게임을 가면 코치들은 대부분 같이 식사를 한다. 감독을 포함해 10명의 사람이 같은 공간에서 식사를 하는데, 게임을 진 날은 분위기가 너무 무거워 밥이 잘 넘어가지 않을 때도 있다. 이때 대부분 감독 근처 자리는 피하려고 한다. 반면 나는 감독 옆자리든 맞은편 자리든 마다하지 않는 편이다. 그럴 때마다 난 이렇게 생각했다.

'감독님 옆자리에서 밥 먹는 것도 싫어하면서 어떻게 감독님이 당신들 의견을 들어주길 원하는가?'

이는 아부와는 다르다. 외로운 자리에 있는 사람의 말동무가 되어주고 신뢰를 쌓는 건, 상대방이 듣기 좋은 말만 골라 무조건 '네네' 하는 아부와는 분명 다른 것이다. 내 의견이 신뢰를 얻고 그것이 수용되기 위해서는 나부터 상대를 신뢰하고 또 믿음을 주는 것, 당연한 것 아닐까.

좋은 리더는 요청해 올 때까지
기다릴 줄 안다

타자들은 스윙을 할 때 오른쪽 팔꿈치를 붙이라는 말을 많이 듣는다(우타자 기준). 우측 팔꿈치가 몸에 붙어서 나와야지 스윙아크를 줄일 수 있다, 뭐 이런 게 아닐까 싶다.

나는 야구선수 출신이 아니라 그런지, 팔꿈치를 붙이면 뭐가 좋아지는지 정확하게는 모르겠다. 팔꿈치를 붙이라고 지도하는 걸 볼 때마다, 팔꿈치를 몸에서 뗀 다음 스윙을 할 수 있는지 의문이었다(물론 더 강조하기 위해 그런 얘기를 했을 수 있다). 만약 지금 옆에 방망이가 있다면 직접 한번 해보라. 팔꿈치를 떼고 스윙을 할 수 있는가? 아마 안 될 것이다.

한번은 남태혁 선수에게 도움을 청해 동영상을 하나 찍은 적 있다. 야구장 트레이너실에서 열심히 운동하던 남 선수에게 다섯 발자국만 떨어진 위치로 가보라고 한 다음 나를 향해 걸어오라고 했다. 그리고 다시 같은 자리로 돌려보낸 다음, 이번에는 뒤꿈치 먼저 바닥에 닿게 걸어보라고 했다.

그랬더니 아주 어색하게 걸어오는 것이었다. 처음 걸어올 때 남 선수는 뒤꿈치가 먼저 바닥에 닿으며 자연스럽게 걷고 있었다. 그런데 내가 지적하고 강조를 하니 아주 어색한 걸음걸이가 된 것이다.

부담 갖지 말라는 말이 더 부담을 준다

한 선수가 내게 고민을 토로한 적이 있다. 이 선수는 전부터 제구력에 약점이 있었다. 제구가 잘 안 되니 볼넷을 많이 허용하곤 했다.

한번은 게임에 들어가기 전 몸을 다 풀고, 한껏 집중한 채 마운드를 오르려는데, 투수코치가 그를 불렀다고 한다. 그러더니 이렇게 말하더라는 것이다. "점수 줘도 되니까 볼넷만 주지 마, 편하게 해."

문제는 투수코치에게 그 말을 듣는 순간부터 머릿속이 온통 볼넷으로 가득 찼다는 것이다. 이후에도 이런 일은 자주 있었는데, 그 말을 듣고 마운드에 올라가면 그동안 준비했던 건 생각나지 않고 머릿속은 볼넷으로만 가득 차고, 특히 초구를 던지고 나서 볼이 되는 순간 불안감은 더 커져갔다고 한다.

물론 투수코치 입장도 이해는 간다. 그동안 이 선수를 보면서 마음이 얼마나 답답하고 안타까웠을까. 선수에게 뭐라도 도움을 주고 싶어서, 마음 편하게 해주고 싶어서 한 말이었을 것이다.

하지만 이렇게 코치가 선수를 위해서 하는 말이 실제로는 도움이 안 되고 악영향을 미칠 수도 있다는 사실을 잊지 말아야 한다. 이런 말을 하는 이유는 선수에게 도움을 주기 위함도 있겠지만, 사실 코치 자신의 마음속 불안감을 덜기 위해서는 아니었을까.

2013년 내가 넥센 시절 한화와의 최종전을 앞두고 있는 날이었다. 이 최종전을 이기면 페넌트레이스 2위가 확정되고, 지게 되면 4위가 되는 아주 중요한 게임이었다. 한화의 선발투수는 에이스 바티스타, 넥센의 선발투수는 김영민(현 김세현) 선수였다. 선발투수의 무게감만 놓고 보면 바티스타가 유리한 게임이었지만, 2013년 팀 성적만 놓고 보면 넥센이 유리한 게임이었다.

마지막 게임의 무게감은 있었지만 선수들과 코칭 스태프는 여느 때와 마찬가지로 대전 한밭야구장에 나와 몸을 풀고 준비를 했다. 선발투수인 김영민은 보통의 선발투수 루틴대로 버스에서 충분한 휴식을 취하고 게임 시작 한 시간 반 전에 나와 락커룸에서 옷을 갈아입고 장비를 챙기고 간단히 요기를 했다.

그리고 운동장에 나가려는데, 마주치는 선수 및 코치들이 김 선수에게 한마디씩 던지기 시작했다. '영민아 부담 갖지 마, 편하게 던져' 등, 그의 마음을 편하게 해주려는 격려였다. 운동장에 나가서도 마찬가지였다. 또 비슷한 격려를 하기 시작했다.

몸풀러 외야에 나온 김영민 선수가 나에게 이렇게 얘기했다. '어제 정말 잘 잤고, 오늘 정말 마음 편하게 운동장에 나왔어요. 근데 운동장 나와서 선수들과 코치님들의 격려를 듣는 순간부터 오늘 편하게 하면 안 되는구나 싶더라고요. 그때부터 긴장이 되기 시작했어요.'

우리는 '다 너 잘되라고 하는 말이야'라며 많은 지적 혹은 지시를 한다. 하지만 그 지적이 어떤 부작용을 낳는지는 모른다. 지적할 때는 항상 신중해야 한다.

▌때론 침묵이 약이다

2019년 창원에서 있었던 일이다. NC다이노스와 게임 도중 타석에 있던 심우준 선수가 교체해달라는 사인을 보내와 선수를 교체하고 더그아웃에 들어왔다. 더그아웃에 들어오자마자 코치들, 선수들이 심 선수에게 다가와 묻기 시작했다. "다친 데가 어디야? 어때 괜찮아?" 내가 상태를 확인하고 상처를 치료하려는데 지나가던 선수가 심 선수에게 또 물었다. "어디 다친 거야? 괜찮아?"

그때 내가 심 선수에게 이런 말을 했다. "지금까지 몇 명이 너한테 같은 질문을 했는지, 앞으로 몇 명이나 할 거 같은지 잘 체크해봐." 당시 나는 선수의 통증은 물론 속상한 마음을 가라앉힐 시간 자체를 주지 않는다는 것을 지적하고 싶었다. 물론 심 선수는 내 말뜻을 몰랐을 수도 있다.

2019년, 나의 마음속 공주님들인 핑클이 함께 캠핑을 떠나는 방송 프로그램이 있었다. 그중 기억에 남는 장면이 있다. 멤버 중 옥주현이 감정이 격해져 캠핑카 뒤로 가서 울고 있을 때이진, 성유리가 가서 달래줘야 하나 걱정하자 리더인 이효리가 한 마디 던졌다. '본인 감정을 소비할 수 있게 내버려둬라. 시간을 줘라.'

앞의 심우준 선수의 사례와 비슷한 예는 또 다른 예능에서도 찾을 수 있다. 〈우리동네 예체능〉이라는 TV프로그램을 기억하는가. 농구편이었는데, 가수 박진영이 출연한 적이 있다. 그때 인상적인 장면이 있었다. 1점 차로 팀이 이기고 있는 상황에서 상대팀이 박진영에게 반칙을 해 자유투를 얻어낸 것이다. 자유투 2개 중에 1개만 성공시켜도 안전한 상황이었다. 프리드로우 라인에 서 있는 박진영에게 팀 동료가 가서 한 마디 툭 던졌다. "진영이 형 편하게 해요."

게임 결과 예체능팀이 승리했다. 이후 락커룸에 들어와서 지난 게임 상황에 대해 서로 얘기하는 시간을 가졌는데, 그때 박진영이 했던 말이 아주 인상적이었다. '자유투 상황에서 림이 아주 작게 느껴져 엄청 긴장하고 불안했다. 근데 그 순간 팀 동료가 와서 편하게 하라고 얘기하니 그때부터 더 떨렸다'는 얘기였다.

야구는 투수놀음이라 투수의 훈련이 아주 중요하다. 특히 전지훈련에 대략 20명의 투수가 참여하기 때문에 투수들의 피칭 시간에 많은 관심을 가진다. 미국으로 전지훈련을 갈 경우 4개 정도의 피칭 마운드가 있어 동시에 4명의 투수가 피칭을 한다. 감독, 투수코치, 구단 관계자가 조용한 분위기에서 지켜보는 그런 시간이다. 투수들이 피칭을 할 때 감독이나 투수코치들은 이런저런 조언과 지도를 한다. 선수들은 지도자들의 말을 경청하며 자신들의 문제점을 파악하고, 많은 정보를 얻으려 한다.

얼마 전, 모 팀의 투수와 통화를 하는데 이런 말을 했다. 새로 온 투수코치가 피칭할 때 의견을 아주 많이 전달하는데 그 때문에 정말 힘들다는 것이다. 30개의 피칭을 하는데 공 하나 던질 때마다 의견을 준다고 했다. 피칭이 다 끝나고 나니 자신이 피칭을 어떻게 했는지 기억이 나지 않을뿐더러, 코치의 조언 역시 기억에 없다고 했다.

내가 피칭장에 있을 때는 이런 일도 있었다. 한 투수가 자신의 피칭 시간에 말이 많은 지도자가 멀리서 걸어오고 있으면 포수와 입을 맞춰 실제보다 투구수를 늘려 빨리 끝내는 것이었다. 곧 일어날 상황을 예견하고 미리 벗어나고 싶었던 것이리라.

다음은 게임 중 있었던 일이다. 대타를 준비하던 고참 선수가 더그아웃에서 대기 타석으로 걸어가고 있는데 타격코치가 이 선수를 불렀다. 내 눈에는 이 고참 선수가 엄청 집중하며 걸어가고 있는 것으로 보였다. 그래서인지 처음에는 타격코치가 부르는 소리를 듣지 못했나 보다. 타격코치가 다시 한번 큰 소리로 선수를 불렀고, 선수가 자신을 쳐다보자 타격코치는 이렇게 말했다. "집중해!!!"

게임이 끝난 후 이 선수는 내게 이렇게 말했다. '투수가 던지는 구종도 생각하고, 타석에서 어떻게 할지 머릿속으로 그리며 엄청 집중하고 있었는데 타격코치가 불러서 집중하라고 이야기하는 순간 오히려 집중이 깨져버렸다'고 말이다.

사실 누군가를 격려하거나 위로하는 마음은 다 같다. 걱정하는 마음에 도와주고 싶어서 그랬을 것이다. 하지만 듣는 당사자는 그렇게 느끼지 않을 수 있다. 그냥 혼자 있고 싶고 아무 대답도 하기 싫을 때가 있지 않을까. 그럴 때는 아무리 좋은 뜻으로 하는 위로나 격려라도 받아들여지기 어렵다.

이처럼 우리의 선한 의도와는 다른 메시지가 상대에게 전해질 때가 적지 않다. 당신은 이런 경험이 없는가? 그래서 나는 선수 본인들이 요청하기 전에는 그닥 말을 하지 않는다. 누군가를 위로하기 전에 한 번쯤 더 생각해보면 어떨까.

▍아무것도 하지 마라!

선수들이 고민이 있거나 누군가와 이야기를 나누고 싶을 때 나를 찾아오는 경우가 있다. 물론 대부분은 야구에 관한 고민이다. 야구가 잘 안 될 때 답답한 마음에 찾아오는 경우도 있고, 잘될 때는 괜히 인정받고 싶어 찾아오는 경우도 있다. 아주 심각하게는 야구를 그만둬야 하는지 같은 고민을 들고 오기도 한다.

한 선수가 밥을 먹고 있는 나를 찾아와 상담이 필요하다고 했다. 식사시간인데도 불구하고 찾아와 얘기하는 걸 보면 그 선수에게는 아주 급한 일인 것 같았다. 허겁지겁 밥을 먹고 사무실에서 만났다.

선수는 눈물을 글썽이며 자신이 지금 공을 어떻게 던지고 있는지 모르겠다는 충격적인 말을 했다. 그는 자신이 원하는 곳에 공을 던질 자신이 있고 그게 자신의 가장 큰 장점인데, 투수코치가 첫 훈련부터 자신의 투구폼을 바꾸라 해서 따랐더니 지금은 공을 어떻게 던져야 할지 모르겠다며 너무나 답답하다고 했다.

이 선수에게 좀 더 일찍 관심을 가지지 못해서 미안한 마음이 들었다. 그때 나는 큰 도움이 되지 못했다. 결국 이 선수는 입단 당시 받았던 기대에 훨씬 못 미치는 결과를 얻고 일찍 선수생활을 그만두게 되었다.

어린 선수들이 고통받는 이유는 대개 비슷하다. 그중 대표적인 게 '선수가 원하지 않는 폼의 수정'이다.

2020년 자신의 잠재력을 터트린 기아 최원준 선수는 자신의 시즌 성공 비결로 타격폼을 꼽았다. 새로운 감독과 새로운 타격코치를 만나 타격폼을 수정했다는 얘기가 아니다. 자신이 가능성을 인정받았던 고교 시절의 타격폼으로 돌아간 것이 성공의 비결이라고 했다.

그는 인터뷰에서 다음과 같이 말했다. "처음 구단에 들어왔을 때 빠른 공에 대처하기 위해 폼에 대한 이야기를 많이 했어요. 폼을 바꾸는 과정에서 스트레스도 많이 받았어요. 하지만 윌리엄스 감독님, 송지만 코치님, 최희섭 코치님과는 폼보다는 수 싸움에 대한 이야기를 많이 하면서 타격에 자신이 있었던 본래의 타격폼으로 돌아온 것 같아요."

최 선수는 과거 다른 인터뷰에서 이런 말을 한 적이 있다. 더그아웃에서 한 방송 캐스터가 "최원준 선수는 어떤 유형의 타자라고 생각합니까?"라고 묻자 "저는 생각보다 멀리 치는 타자입니다"라고 답한 것이다.

저 짧은 한마디 속에 그동안의 과정들이 다 보인다. 선수 스스로 갖고 있는 자기정체성을 무시하고 '헛스윙을 하면 스윙이 크다고 짧게 쳐라' '방망이는 짧게 잡고 쳐라' 등등, 나도 현장에서 무수히 봐왔던 그런 시행착오들을 최 선수도 겪었을 것이다. 그로 인해 스트레스를 받고 경기에서 결과도 좋지 않고, 또 스트레스 받는 악순환의 연속이었을 것이다.

전에 함께 일했던 A코치에게 전화가 온 적이 있다. 그는 2년 동안 나에 대해 오해를 해서 미안하다는 얘기로 말을 시작했다.

2년 전 A코치가 처음 코치가 되었을 때 '좋은 코치가 되고 싶으니 조언을 해달라'고 해서, 난 '아무것도 하지 말고 지켜만 봐'라고 얘기한 적 있는데, 이 말이 당시 그에겐 상처가 되었다고 한다. A코치는 2년이 지나서야 내가 왜 그런 조언을 해줬는지 이해가 되었다고 했다.

처음 코치가 되면 으레 다들 정말 의욕적으로 선수들을 지도한다. A코치도 마찬가지였다고 한다. 선수생활 할 때도 아주 성실하고 후배들을 잘 챙기던 선배였는데 코치가 되어서 그 마음이 어디갈까. 얼마나 열과 성을 다하여 선수들을 지도했을지 짐작이 간다. 그렇게 열심히 일했지만 A코치는 최근 크게 충격을 받았다고 한다. 자신이 선수들 사이에서 아주 나이 많은 꼰대 코치들 못지않은 평가를 받고 있었던 것이다. 코치로서 나이가 한참 어린데도 불구하고 말이다.

내가 말하는 '아무것도 하지 마라'는 '선수가 뭘 요청하기까지 기다리라'는 얘기지 "진짜" 아무것도 하지 마라는 게 아니다. 사실 내가 코치들에게 '아무것도 하지 말고 지켜봐'라고 말하면 다들 기분 나빠한다. 아무것도 하지 않는다고 구단에서 좋지 않은 평가를 내릴 것은 물론, 괜히 선수들도 자신을 코치로서 무시할지도 모른다는 생각이 들기 때문이다.

일례로 허문회 감독은 코치일 때 안 좋은 평가를 받기도 했다. 아무것도 하지 않는다는 이유로. 하지만 선수들이 좋아하고 의지하던 타격코치였다. 실제로 아무것도 하지 않는 게 아니었다. 선수들이 찾아올 때까지 준비하고 기다려줬다.

스프링 캠프에서 2년 연속 같은 방을 썼는데 당시 허문회 코치는 지도할 때 막히는 부분이 있으면 선수 출신이 아닌 내게도 많은 질문을 할 정도였고 같이 머리를 맞대고 고민하느라, 잠을 못 자는 날도 많았다.

눈에 보이는 문제점을 지적하는 건 누구나 할 수 있다. 하지만 그 문제를 선수가 받아들이게 하는 게 중요하지 그냥 지적만 한다고 좋은 코치가 되는 건 아니다. 물론 선수가 받아들일 수 있을 때까지 기다리는 게 꽤나 어려운 일인 건 맞다.

내가 일을 하면서 재미있어 할 때가 뭔가를 배운다는 느낌이 들 때이다. 선수들을 가르칠 때 정말 독특하고 새로운 연습 방법을 볼 때면 나는 배운다는 느낌이 든다. 그런 아이디어나 방법들이 진짜로 효과적인지는 나에게 크게 중요치 않다. 그저 그동안 봐오던 것이 아닌 새로운 것을 볼 때 야구장 나가는 것이 즐겁다. 박재상 코치와 일하면서 나는 많은 걸 배웠다.

사실 코치들이 하는 말이나 연습 방법들은 서로 크게 다를

게 없다. 어릴 때부터 같은 걸 보고 배우고 하며 야구선수로 성장해왔기 때문에, 코치 본인이 특별히 노력하지 않는 이상 그 전부터 해오던 방법들을 답습하게 되어 있다.

그동안 야구단에서 일하면서 많은 코치들을 봐왔지만 박재상 코치는 선수들을 대하는 방식이나 연습 방법, 이론 등이 이전에 내가 듣고 봐왔던 것들과는 다른 점이 많았다.

박재상 코치의 선수 때 별명이 아트스윙인 건 많은 사람들이 알 것이다. 하지만 선수생활하는 동안 3할을 기록한 적이 없는 선수였다는 점은 잘 모를 것이다. 나 또한 몰랐다. 스윙이 예술일 정도였는데 상무에서의 2년을 제외하고 좋은 타자의 기준인 3할을 단 한 번도 쳐본 적이 없다니….

상무에서 3할이 가능했던 이유는 물론 2군 리그라서 그럴 수도 있지만, 박 코치의 말에 따르면 상무에서는 폼에 대한 지적과 이로 인한 스트레스를 전혀 받지 않았기 때문이라고 했다. 그는 본인이 원하는 대로, 하고 싶은 대로 야구를 했기 때문에 좋은 결과가 나왔다고 생각하고 있었다. 그래서 선수들에게 스트레스를 안 주려고, 선수들을 즐겁게 해주려고 노력을 많이 하는 코치였다.

일부 지도자들은 그런 건 누구나 할 수 있다고 얘기하기도 한다. 하지만 내 생각은 다르다. 실제로 이를 행동에 옮기는 건

굉장히 어려운 일이다. 박 코치는 내가 본 지도자 중 이론적인 면이든 방법적인 면이든 잘 준비되어 있는 몇 안 되는 젊은 지도자 중 하나다.

요즘에서야 많은 자료들을 쉽게 얻을 수 있지만, 불과 십수년 전만 해도 새 지도자들이 과거 자신의 지도자에게 배운 것말고 습득할 수 있는 정보들이 많지 않았다. 그렇기 때문에 새로운 정보들을 공부하거나 새로운 걸 현장에서 실행하려고 노력하지 않는 지도자들이 선수를 가르치는 방법은, 다른 지도자들이 가르치는 그것과 비교해 별반 다를 게 없었다. 이런 상황은 현재도 일부에서 계속된다.

예를 들어 A라는 지도자가 B선수의 문제점에 대해 지적했다고 치자. 그러고 나서 내가 B선수에게 방금 지적받은 내용을 예전에 들어본 적 있냐고 물어보면 99%는 아마추어 때나 프로에서 다른 코치로부터 들어본 얘기라고 답한다. 그에 대한 처방도 언젠가 다 해본 것들이라고 한다. 예전에 한 코치가 내게 이런 말을 한 적이 있다. '코치가 아는 야구에 대한 이론이나 선수들이 알고 있는 것이나 별반 다를 게 없다'고 말이다.

그렇다면 훌륭한 지도자란 어떤 지도자일까? 내 생각은 이렇다. 선수들 스스로가 문제점을 느끼고 고쳐야겠다는 마음이

들 때까지 기다려줄 수 있는 지도자, 그런 선수에게 적합한 해결책을 제시하고 선수와 같이 고민해줄 수 있는 지도자. 그런 지도자가 훌륭한 지도자 아닐까.

▌좋은 트레이닝 코치는
▌좋은 타격코치가 만든다

내가 그동안 트레이닝 코치로서 나름 인정받을 수 있었던 이유는 좋은 타격코치들 덕분이다. 나는 벌크업을 해서 힘을 기르면 타구 스피드가 빨라지고, 타구 스피드가 빨라지면 비거리가 증가하여 홈런 개수가 늘어날 것이라고 얘기해왔다.

그럼 '모든 선수가 그렇게 힘을 키우면 좋은 타격 결과가 따라오는가'라고 묻는다면, 내 대답은 또 '아니오'이다. 아무리 힘을 키워도 힘을 쓰는 방법을 잘 가르치지 못하는 타격코치를 만나면 아무 효과가 없기 때문이다. 선수의 본능을 깨뜨리지 않고, 선수가 가진 힘을 타구에 실을 수 있도록 가르치는 타격코치를 만나는 건 사실 쉽지 않다.

어떤 타격코치를 보면서는 이런 의문이 들 때도 있었다. '이 코치는 타격을 가르치는 코치인가? 아님 전력분석원인가?' 타격코치란 상대 투수가 어떤 공을 던지든 그걸 잘 치게 만드는 사람인데, 몇몇 타격코치는 전력분석실에서 많은 시간을 보내고, 상대 투수가 뭘 던질지 알려주는 일에 더 많은 시간을 들이는 듯하다.

예컨대 어떤 구종을 더 많이 던지고, 어떤 쿠세(투구 습관)가 있는지 찾는 데 더 집중하는 것이다. 쿠세를 알면 뭐하는가. 기술이 부족하면 치지 못하는 것을. 이렇게 쿠세 찾는 데 온 에너지를 쏟는 타격코치에게 나는 이런 말을 한 적이 있다. '코치님은 전력분석 팀장 하시면 참 잘하실 것 같다'고.

어느 전도유망한 타자가 있었다. 그 선수의 문제가 뭔지 타격코치에게 물었을 때 우타자 기준으로 배팅할 때 왼팔꿈치가 몸에서 벌어진다는 것이다. 난 그 분야의 전문가가 아니라서 그게 나쁘다고 하니 그렇게 믿었고, 이후 어떤 처방을 내려서 어떤 변화가 생기는지가 궁금했을 뿐이다. 타격코치가 선수에게 내린 처방은 왼팔꿈치에 밴드를 묶는 것이었다. 남들이 볼 때는 그럴싸한 연습 방법일지 몰라도 나는 그렇게 생각하지 않았다.

조금만 생각해보자. 밴드로 묶어놓으면 보이기에는 왼팔꿈치가 몸에 붙어 있는 것처럼 보여 메커니즘이 개선이 되는 걸로 보이지만 사실 밴드를 묶었기 때문에 왼팔꿈치가 몸에서 벌어지는 힘이 커지게 되어 있다. 밴드가 작용을 일으키니 반대쪽으로 반작용이 생기는 것이다. 그래서 밴드를 묶어놓았을 때는 모르지만 밴드를 푼 다음 배팅을 하게 하면 왼팔꿈치가 벌어지는 힘이 더 생긴다.

내가 생각한 처방은, 그 점을 꼭 고치고 싶다면 사실 왼쪽 겨드랑이에 수건을 끼우면 되는 것이다. 팔꿈치가 벌어지지 않게 하는 힘을 주게 하면 벌어지지 않을 것이기 때문이다. 물론 내 말이 틀렸을 수도 있다.

어쨌든 나는 좋은 트레이닝 코치는 좋은 타격코치가 만든 다고 생각하기 때문에, 나의 커리어를 위해서라도 이러한 생 각을 적극 얘기해왔다. 다들 예상하겠지만 선수 출신 코치들 은 내가 이런 얘기하는 걸 대부분 싫어했다. 경험상 선수 출신 이 아닌 나 같은 사람의 생각을 궁금해하고 존중해주는, 귀가 열려 있는 타격코치들은 나뿐만 아니라 선수들도 정말 좋아했 다. 그런 코치들이 제대로 인정받는 시대는 언제쯤 올까.

남과 다름을
강점으로 만들라

야구계에서 그동안 내가 먹고살 수 있었던 가장 큰 이유는 아이러니하게도 내가 야구선수 출신이 아니란 거다. 왜냐하면 나는 특별한 노력 없이도 야구선수 출신들과는 다르게 생각하기 때문이다. 선수 출신들이 당연하게 생각해오던 것이 나에게는 의문이었고, 그에서 비롯된 내 나름의 설명들이 선수들에게는 새로운 것이 되었기 때문이다.

관성의 법칙은 뉴턴의 운동법칙 중 하나이다. 사전적 의미로는 '외부에서 힘이 가해지지 않는 한 모든 물체는 자기의 상태를 그대로 유지하려고 하는 것'을 관성의 법칙이라 한다.

달리던 버스가 브레이크를 급히 밟아도 차가 앞으로 밀리는 경우가 대표적인 예이다. 나는 삶이나 사고의 방식에도 관성의 법칙이 존재한다고 생각한다. 이번에는 기존의 방식에 변화를 주는 것을 싫어하는 경향에 대해 얘기해볼까 한다.

▌변화를 두려워하지 마라

나는 1997년에 고려대학교 체육교육과에 입학했다. 학교를 다니면서 가장 좋았던 점 중 하나는 선배들의 구타나 집합이 거의 없었다는 점이다. 그 당시 고등학교 동기들을 만나서 얘기를 들어보면 타 대학 체육 계열 학과에서는 구타나 집합이 많아서 고려대에 오길 정말로 잘했다는 생각이 들었을 정도였다.

오래전 고대에서도 구타나 집합이 있었다고 한다. 하지만 88학번 선배들이 더 이상 후배들을 괴롭히지 말자고 다짐하고 없앴다고 한다. 그럼에도 간혹 체육관에 집합시키기도 했는데, 모여서 단체로 얼차려 받고 막걸리를 마시는 일종의 행사였다. 다른 학교랑 비교하면 정말 평화로운(?) 행사였다.

우리 때는 그게 자랑스러운 전통이라 생각하며 학교를 다녔다. 어느덧 내가 군대를 제대하고 선배의 위치가 되었을 때 똑같이 그런 행사를 주관한 적이 있다. 후배들을 불러 험악한 분위기를 잡고 얼차려를 준 후, 다같이 막걸리를 마셨다. 하지만 끝나고 나니 뭔지 모를 찜찜함이 있었다.

군대 가기 전 내가 느꼈던 그런 감정을 당시 후배들은 느끼지 않았던 것이다. 그 후배들에게는 자랑스런 전통이 아닌 개떡같은(?) 악습으로 느껴졌던 것이다. 지금 생각해보면 너무 창피하다. 그저 해오던 대로, 난 왜 88학번 선배들처럼 새로운 변화를 주지 못했는지…. 지금도 후회스럽다.

듣자니 한 지방 야구팀은 주말 서울 원정을 마치면 서울에 가족이 있는 선수들도 지방으로 단체 이동 후 개별적으로 서울에 가야 한다고 한다. 처음 이 말을 들었을 때 나는 경악을 금치 못했다. 무슨 이유를 대더라도 납득할 수 없는 일이었다. 그 팀에 있는 몇몇 구성원들이 너무 비합리적이니까 바꿔보자고 건의했는데 돌아온 대답은 팀의 전통이라는 말뿐이었단다.

일주일에 단 하루 휴식일인데 서울에 가족을 둔 선수나 코치가 가족과 보내는 시간을 충분히 가진다면 경기력에도 더 도움이 될 텐데 말이다.

십수 년 전 내가 일하던 팀도 지방 원정을 위해 새벽에 이동해도 원래 정해진 시간에 야구장으로 향했다. 염경엽 감독이 부임하고 나서 휴식의 중요성에 대해 크게 인식하기 시작해 원정 호텔에 늦게 도착할 경우, 야구장 이동 시간을 늦춰 호텔에서 조금 더 휴식을 취하게 했다. 훈련보다는 선수의 컨디션을 중요시한 것이다. 사실 바꾸기 쉽지 않은 부분인데 이런 변화가 일어나고 성적도 좋았다.

관성의 법칙의 다른 표현으로 경로 의존법칙이라는 말이 있다. 쉽게 설명하면 서울에서 부산으로 갈 때 경부고속도로를 이용하던 사람들은 더욱 넓어지고 빠른 고속도로가 생겨도 계속 경부고속도로만 이용한다는 것이다. 경로가 비효율적이라는 사실을 알면서도 관성과 경로의존성 때문에 경로를 바꾸기 힘들어하는 것이다. 20여 년 전 나의 대학 시절처럼 오래전부터 해오던 것이니까 쉽게 바꾸지 못하는 것이다. 원정 후 비효율적인데도 꼭 단체 이동하는 지방 프로팀의 경우도 이에 해당한다고 생각한다.

야구선수들과 오랜 시간 함께하며 가장 안타까웠던 점 중 하나가 이들이 갖고 있는 '변화에 대한 두려움'이다. 아무리 논리적으로 설명하고 이해시켜도 오래전부터 해오던 것이라 변화하는 것에 많은 불안함을 느끼는 것이다. 물론 이해한다.

하지만 그 변화에 두려움이 없는 선수들이 야구를 잘하는 것은 내 경험상 분명한 것 같다. 선수뿐 아니라 지도자들도 마찬가지라 생각한다. 지금까지 해오던 방식이 아닌 더 효율적이고 능률적인 새로운 방법들을 선수들에게 적용시키면 더 좋은 지도자가 되리라 확신한다.

변화를 두려워하지 말아야 성공에 가까워질 수 있다.

▌머리로 이해했으면
▌일단 시도하라

야구선수들이 타석에 들어가기 전 방망이에 무거운 쇠로 된 링을 끼우고 스윙하는 모습을 본 적 있을 것이다. 링을 끼워 무거워진 방망이로 스윙을 하고 난 다음 링을 빼고 방망이를 들면 아주 가볍게 느껴지기 때문이다. 다른 이유로 링을 끼우는 선수도 있겠지만 아마도 대부분 이 효과를 보기 위해 링을 사용한다.

미국에서 이에 관한 실험을 한 적이 있다. 링을 끼우고 스윙을 하고 난 뒤의 스윙 스피드와 링을 끼우지 않은 스윙의 스피드를 비교한 것이다. 결과는 링을 끼우고 스윙을 하고 난 후 방망이를 들고 스윙을 하면 스윙 스피드가 떨어진다는 것이었다.

이에 대한 영상을 선수들에게 보여준 적 있지만, 실제 링을 빼고 스윙을 하는 것으로 변화를 준 선수를 지금까지 몇 명 보지 못했다. 이유는 그동안 해오던 걸 안 하려니 불안해서라고 생각한다. 물론 이해는 한다. 나 역시 일상생활에서 10년 이상

해오던 것에 변화를 주려면 아마도 몹시 불안하고 어색할 것이다. 그래도 특별히 큰 노력이 필요한 게 아니라면 한번 시도해봄직하지 않을까.

난 야구선수 출신이 아니기 때문에 내 생각이나 주장이 선수 출신들에게는 조금은 불편한 얘기일 수 있다. 하지만 많은 야구인들이 나에게 '무슨 말인지는 알겠는데, 네 말이 맞긴 맞는데'라고 했다. 말은 이해하지만 현실적으로 힘들다는 얘기다. 이런 말을 들을 때 조금 답답했다. 차라리 내 생각에 동의를 못한다면 모르겠는데, 동의를 한다면 시도는 해볼 수 있지 않을까 싶어서이다.

내가 그동안 만나온 선수, 코치, 감독 중 성공한 사람들의 공통점은 변화에 대한 두려움이 없는 사람들이었다. 머리로 이해를 했으면 일단 해보는 것이다. 본인이 정체된 느낌이 있거나 성공을 하고 싶다면 크고 작은 변화가 필요하다. 그중 합리적이고 타당한 근거들을 확인했다면 이것저것 생각하지 말고 그냥 해보는 것을 추천한다. 아마 잃는 것보다는 얻는 것이 많을 것이다. 그리고 당신이 만약 그 변화를 가장 빨리 받아들이면 자기 분야의 선구자가 될지도 모를 일이다. 변화는 용기만 있으면 실천할 수 있다.

Think different

아이폰으로 유명한 세계적인 기업 애플의 1997년 광고 문구가 "Think Different"이다. 이 표현은 처음에 영문법 학자들에게 거센 비판을 받았다고 한다. 동사 다음에는 당연히 부사가 와야 하는데 형용사형이 쓰인 것이 잘못이라는 이유 때문이었다. 애플사에서 그 부분에 대해 해명을 하기도 했지만 국내에서는 '다르게 생각하라'로 널리 알려져 있다.

애플의 각 지면 광고에는 역사적으로 다른 방식으로 새로운 것을 시도한 창의적인 인물들 사진을 내고, 한쪽 구석에 애플 로고와 "다르게 생각하라" 문구를 찍었다.

2011년 현대자동차는 새로운 슬로건을 발표한다. New thinking New possibilities. 새로운 생각 새로운 가능성.

난 개인적으로 Think different와 New thinking New possibility의 의미가 본질적으로 같다고 생각한다. 세계적인 기업인 애플과 현대자동차가 계속 전 세계 시장에서 경쟁력을 갖추기 위해 기업의 슬로건으로 다름과 새로움을 내세운 점은 주목할 필요가 있다.

야구업계도 마찬가지라고 생각한다. 성공하기 위해선 뭔가 새로워야 하고 남들과는 달라야 한다. 십수 년 전과 비교하면 많은 변화들이 있지만 변화를 두려워하거나 새로운 걸 시도하지 못하는 지도자들이 여전히 많다. 나보다 나이가 많은 지도자들이 대부분일 때는 그래도 괜찮았다. 그분들은 정보가 부족해서 그렇다고 충분히 이해할 수 있었다. 새로운 정보를 얻기 쉬운 환경도 아니었고, 익숙하지도 않았고, 오랜 세월 동안 배우고 해오던 방식을 바꾸는 게 많이 불안할 수 있다고 이해했다.

세월이 흘러 나보다 나이가 어리거나 동년배 코치들이 대부분인 요즘은 예전과 똑같은 모습을 보이는 지도자를 보는 게 너무 힘들다. 인터넷 환경이 발달하고 시각적인 정보들도 구하기가 쉬워진 오늘날에도 그닥 달라지지 않는 어린 지도자들 볼 때면, 얼마나 많은 선수들이 이 고통 속에서 더 견뎌야만 하는가 하는 생각이 든다. 물론 지도자들 모두가 그런 건 아니다. 나의 욕심이 과한 것일 수도 있다. 아주 훌륭하고, 새로운 걸 추구하고 열심히 공부하는 지도자들도 있다. 보기 드물어서 문제다.

한 선수가 군대를 제대하고 일 년 동안 나와 몇 번 이야기를 나눈 적 있다. 대화가 끝난 후 이 선수는 나에게 이렇게 말했다. '올해 코치님하고 얘기를 5번 정도 나눴는데요, 얘기할 때마다 닭살이 돋습니다.' 그래서 내가 무슨 뜻이냐고 물으니 '야구를 해오면서 처음 듣는 얘기인데, 다 맞는 것 같아서 소름돋습니다'라고 덧붙였다.

얘기를 듣는 순간 나도 소름이 돋았다. 기분이 좋으면서도 한편으로는 너무 안타까웠다. 내가 한 모든 얘기가 기억나지는 않지만 한 가지는 외야 송구에 관한 것이었다. 이 선수는 공은 잘 잡는데 던지는 것에 약점이 있는 선수였다. 보통 이런 선수는 캐치볼 할 때는 공을 아주 잘 던지지만 경기 상황에서 정확하게 던지는 데 스트레스를 받는다. 내가 해준 얘기는 아주 뛰어난 외야수도 1년 풀타임으로 출전해도 외야에서 송구로 주자를 아웃시키는 경우가 10번 정도밖에 안 된다는 것이었다.

이 말은 반대로 얘기하면 외야수가 던지는 공의 대부분은 아웃과는 관계없다는 것이다. 따라서 어차피 아웃을 못 시킬 것이기 때문에 서두르다 공을 이상한 데 던지는 것보다 아주 천천히 정확하게 던지는 게 나을 거라는 얘기였다.

뭔가 아주 특별한 얘기를 했거나 새로운 얘기를 한 건 아니었다. 그럼에도 선수가 저런 반응을 한다는 건 그동안 아마추어에서나 프로에서 늘 같은 얘기들만 들어왔다는 방증이다. 이런 선수들의 니즈를 우리 코치들이 해소해주어야 한다고 생각한다. 선수 출신 지도자들은 많은 노력을 해야 할 것이다. 아주 어려운 일이 될 수도 있다.

실패의 자유를 누릴 것

야구는 실패의 스포츠라는 걸 나는 누누이 강조해왔다. 이 부분을 이용하여 선수들의 멘탈에 도움을 주기도 했다. 144경기를 치르는 우리나라 야구 리그에서 모든 경기를 이기는 것은 불가능하다. 성공의 기준을 5할이다. 즉 잘한다고 할 수 있는 팀도 절반은 실패한다는 것이다.

더 자세히 살펴본다면, 나름 성공 기준인 3할 타자란 100번의 기회에서 70번을 실패하는 타자이고, 0.350 타자는 65번을 실패하는 타자인 것이다. 선수 본인과 지도자, 부모가 모두 이 부분을 정확히 이해했으면 좋겠다. 그래야 선수의 멘탈도 지도자의 멘탈도, 부모의 멘탈도 잡을 수 있다.

〈싱어게인〉이라는 TV프로그램에서 우승한 가수 이승윤을 기억하는가. 그가 이효리의 '치티치티뱅뱅'을 불렀을 때 심사위원석이 난리가 났다. 이 노래는 기존의 패러다임에 갇혀 있지 않았고, 어떤 장르라고 쉽사리 이름표를 붙이기 어려운 그런 노래였다. 그렇지만 심사위원들의 가슴을 움직인 그런 노래.

많은 부모가 자기 아이를 창의력 있는 아이로 키우고 싶어 한다. 남이 만든 패러다임에 갇히지 않는, 어떠한 틀에 갇히지 않는 사람으로 키우고 싶어한다. 어떤 가르침이 이승윤을 이런 사람으로 성장하게 했을까?

알려진 바에 따르면 그의 아버지 이제철 목사는 "목사의 아들이라는 사실에 구속받지 말고 본인답게 살라"면서 아들 넷의 개성과 자유를 존중했다고 한다. "네 아들 모두 실수할 수 있는 자유를 누리게 했다"는 것이다. 이승윤의 형은 유명 유튜버 '천재 이승국'이다. 영화 리뷰 및 실황 등을 올리는 유튜버로 2019년 할리우드 스타 드웨인 존슨과의 영어 인터뷰 영상이 큰 화제를 모았다.

그러면서도 이들의 아버지는 예의를 강조했다고 한다. 모든 인간관계에서 최우선은 예의라는 가르침. 말이 쉽지 자식들이 실수하고 실패하는 걸 아무렇지 않게 지켜보는 부모가 어디 있겠는가. 그렇게 하지 못하는 게 우리나라 문화의 특징인지 한 사람 한 사람 개인의 문제인지는 잘 모르겠다.

실패를
이용하라

야구단에서 일하면서 그동안 내가 한 가장 큰 실수가 무엇인지 가만히 앉아 생각해봤다. 약 16년 전 일이다. 내가 정식 계약한 후 처음 맞이하는 시즌으로, 제주에서 2004년 우승팀과 준우승팀이 2005년 첫 시범 경기를 하는 일정이었다. 수원에서 짐을 챙겨 김포공항에 도착했다. 티켓팅을 하기 위해 줄을 서 있는데 갑자기 등골이 오싹한 느낌이 들었다. 트레이너에게 가장 중요한 물건인 키트를 챙기지 않은 것이었다!

키트란 각종 트레이너 물품을 담아 들고 다니는 캐리어 같은 것이다. 이것 없이 게임은 물론 연습도 할 수 없을 정도로 중요한 물건이다. 그나마 비행기 타기 전에 떠올라서 다행이었다. 비행기를 마지막 시간으로 바꾼 뒤 택시를 타고 수원에 다녀왔다. 하필 그럴 때 감독님께서는 감기 기운이 있다며 약을 찾으시고…. 시작부터 정말 악몽 같았지만 결국 아무런 문제없이 경기를 치렀다.

실수에 따라 결과가 달라질 수도 있지만, 대부분의 실수는 사실 아무런 문제없이 넘어가는 경우가 많다. 만약 약을 챙겨오지 않았으면, 약국에서 사면 되고, 테이핑 물품을 챙겨오지 않았으면 상대팀에 빌리면 되는 것이다. 마음만 먹으면 얼마든지 해결할 수 있다.

법적으로나 도덕적으로 문제가 되는 실수는 물론 용납해서는 안 된다. 하지만 일을 열심히 하다 일어나는 의도치 않은 실수들은 결과에 큰 영향을 미치지 않는 경우가 많다. 같은 실수를 반복하면 문제가 되겠지만 단순 실수는 눈감아줄 수 있는 여유를 가졌으면 좋겠다. 윗사람이 조금만 감정 조절하면 얼굴 붉히지 않고 넘어갈 수도 있는 것 아닌가. 우리 모두에게는 올챙이적 시절이 있기 때문이다.

우리나라 프로 야구에서 활동을 했거나 하고 있는 외국인 감독을 보면 공통점이 있다. 물론 모든 선수들이 동의하는 건 아니겠지만 대부분의 선수들은 외국인 감독을 좋아한다. 그 이유는 무엇보다 '실패의 자유'를 느끼게 해주기 때문이라고 생각한다. 앞서도 말했듯이 야구는 실패의 스포츠이기 때문에 당연히 실패를 많이 하게 되어 있다. 그 실패를 대하는 감독의 태도가 선수의 다음 플레이에 영향을 준다고 나는 생각한다.

외국인 감독이 거쳐 간 팀의 선수들에게 물어보니, 외국인 감독은 야구를 못하는 건 크게 문제 삼지 않는다는 것이다. 하지만 선수단 분위기를 해치거나, 본인이 실패했다고 인상 쓰거나 더그아웃 분위기를 흐리는 걸 싫어한다고 한다.

앞서 말한 이재철 목사의 가르침과 비슷하다고 생각한다. 실패를 누리는 자유를 주지만, 구성원들에게 피해를 주는 행동은 용납하지 않는 것이다. 느낌적인 느낌으로 외국인 감독이 있는 팀의 선수들이 좀 더 자유로워 보이지 않는가.

여러 번 강조하지만 야구에서 타자가 성공한다고 평가받는 기준이 되는 타율이 0.300이다. 10번의 기회에서 3번의 성공을 하는 것이다. 10번 중 7번은 실패를 해야 성공하는 것이다. 야구를 하면서 실패는 당연히 겪게 되는 것이다. 그렇기에 이 실패를 무덤덤하게 받아들일 수 있어야 한다.

인생도 마찬가지이다. 인생을 살면서 어떻게 단 한 번의 실패도 겪지 않을 수 있나. 실패는 당연한 것으로 여기고 그 실패를 통해 어떤 걸 얻을 수 있는지 고민하는 게 더욱 생산적이다. 그렇게 해야 다음에 실패를 하지 않고 성공할 수가 있는 것이다.

모든 비판에 의미를 두지 말 것

야구기사에 벌크업이라는 내용이 많이 언급되고 있다. 사실 난 벌크업은 야구선수들이 해야 할 여러 일 중에 기본이라고 생각하는데 그렇게 생각하지 않는 사람들이 많다. 왜 그럴까 생각해보면 벌크업, 다시 말해 웨이트 트레이닝을 하면 둔해지고 느려진다는 생각이 머릿속에 박혀 있기 때문일 것이다.

일반적으로 벌크업 하면 우리가 흔히 머릿속에 떠올리는 이미지는 우락부락한 보디빌더의 모습이다. 그 사람들을 생각하니 그런 몸으로 야구하면 잘할 수 없다는 생각을 하게 되는 것이다. 하지만 웨이트 트레이닝을 한다는 게 보디빌더들처럼 몸을 만들자는 게 아니다. 앞서 얘기한 대로 힘을 키워야 야구를 잘할 확률이 높으니, 벌크업을 해 힘을 키우자는 게 핵심이다.

예전에 같은 팀에 있던 선수가 트레이드되어 타 팀으로 옮기게 되었다. 트레이드 발표 후 얼마 정도의 시간이 흘렀을 때 그 선수에게서 전화가 왔다. 비시즌에 운동할 수 있게 프로그램을 짜달라고 하는 것이었다. 그래서 나는 그건 내가 할 수가 없다, 그쪽 팀에 있는 트레이너에 대한 예의가 아니라며 거절했다.

그랬더니 선수가 하는 말이 그 트레이너가 나를 비판해서 그 사람이 시키는 대로 하기 싫다는 것이었다. 그 선수의 마음이 고마우면서도 한편으로는 나랑 일면식도 없는 그 트레이너가 어떤 부분을 비판했는지 궁금해졌다. 그래서 구체적으로 어떤 내용인지 선수에게 물어보았다. 야구선수의 벌크업 필요성에 동의하지 않으며, 웨이트 트레이닝 방식도 자신의 스타일과 많이 다르다는 이유였다.

이 말을 듣고 처음에는 사실 기분이 그리 좋지는 않았지만 이내 별로 대수롭지 않게 생각했다. 어차피 그 사람은 내가 어떤 고민과 노력을 하고, 어떤 확신을 가지고 있는지 정확히 알지 못하는 상태이기 때문에 그의 말에 큰 의미를 두고 싶지 않았다. 또한 새로운 시도 혹은 변화가 모두의 동의를 얻기는 어렵다는 것은 이미 잘 알고 있기 때문이었다.

김하성 선수는 넥센히어로즈에 입단했을 때 지금과는 비교할 수 없을 정도로 마른 체격이었다. 당시 몸무게가 68킬로그램이었다. 김하성 선수는 그때부터 제2의 강정호가 되기 위해 몸을 만들기 시작했다.

입단 1년 후에 김 선수의 몸무게는 80키로그램까지 올라왔다. 보통 신인들이 입단하면 몸을 불리라는 얘기를 많이 하지만 사실 몸을 불리는 건 보통 일이 아니다. 팀의 시스템과 본인의 의지, 선수 가족의 도움 등 모든 것이 맞아떨어져야 가능한 것이다. 김 선수는 그 어려운 걸 1년 만에 해냈다.

김하성 선수는 강정호 선수가 메이저리그에 진출하자마자 주전 유격수가 되어 국가대표 유격수를 거쳐 현재는 메이저리그 선수가 되었다. 김 선수가 샌디에이고 유니폼을 입고 있는 모습을 보면 몸이 훨씬 더 좋아졌다는 걸 느낄 수 있다. 메이저리그에 진출한 이유가 있는 것이다. 물론 몸만 불린다고 다 야구를 잘하는 건 아니다. 그래도 파워를 기르면 야구를 잘할 확률이 높아지는 건 맞는 것 같다.

유한준 선수는 넥센 시절 90킬로그램 정도의 몸무게를 기록하고 있었다. 야구선수로서 중대 기로에 선 유한준 선수는 10킬로그램을 증량하게 된다. 그 직전 해 기록이 7홈런에 타율은 0.272. 장타율은 0.386이었다. 증량한 후에는 20홈런, 0.316의 타율, 0.541의 장타율을 기록하게 된다. 이런 성공을 거두었는데도 불구하고 다음 해에 코치들 사이에서 벌크업을 해서 둔해졌다는 얘기들이 나왔다. 정말 어이없는 얘기였다.

그 당시 유한준 선수의 30미터 달리기 기록은 팀에서 중간 정도의 수준이었다. 코치들의 말처럼 유 선수가 벌크업을 해서 느려졌다 하더라고 가장 느린 선수보다 느리지 않았다. 제일 빠른 선수와 제일 느린 선수의 기록 차이가 30미터 기준으로 0.6초 정도 났기 때문에 유한준 선수가 느려졌다고 해도(물론 동의하지 않지만), 0.1초 정도 느려진 것이다. 0.1초 느려지더라도 홈런을 13개를 더 치고, 타율은 4푼 이상 향상시키고, 장타율을 1할 5푼 이상 향상시켰으면 된 것 아닌가?

인터넷 검색창에 전 세계에서 제일 유명한 100m 스프린터들을 검색해보라. 스피드가 제일 중요한 NFL 런닝백을 검색해보라. 그들의 몸이 어떤지 봐라. 저들이 빨라지기 위해, 스피드를 향상하기 위해 몸을 어떻게 만드는지. 근육량이 많은 데 느려질 수 있다는 얘기를 어떻게 하는지 이해가 되지 않는다. 이런 사진들을 보여주며 설명해도 동의하지 않는 사람들을 나는 많이 봐왔다.

차량이 100km의 속도를 도달하는 데 이르는 시간을 제로백이라 한다. 근육량을 키워서, 그로 인해 체중이 늘어서 느려진다고 주장하는 사람들의 기준으로는 모닝의 제로백 기록이 1등이어야 하지 않을까. 하지만 그렇지 않다는 걸 이 글을 읽는 사람들은 이제 알 것이다.

얼마 전 이런 기사가 나왔다. "이정후 파워? 필요 없다. 지금처럼 하면 충분하다."

그러면서 한 스카우터의 인터뷰가 실렸다. 스카우터 B는 "이정후가 여기서 더 파워를 키울 필요는 없다. 어차피 그를 원하는 팀이 홈런을 기대하지는 않을 것이다. 보다 많은 안타를 칠 수 있다면 그것만으로도 충분하다. 모자란 홈런은 2루타와 3루타로 채울 수 있다. 메이저리그의 큰 구장에서 맘껏 질주하는 이정후를 상상하는 건 대단히 즐거운 일"이라고 말했다. "파워에 대한 부담을 덜 수 있다면 이정후는 보다 정확도를 높일 수 있다. 파워가 메이저리그의 높은 벽을 넘는 장애물이 되지 않는다면 더 큰 활개를 칠 수 있게 된다"고 이어졌다.

이 기사에 의문점이 있다. 파워를 향상시키는 게 홈런만을 위함인가? 우리나라에서 웨이트를 해서 파워를 향상시켜야 된다고 얘기하면 '어떻게 모든 선수들이 박병호처럼 홈런을 칠 수 있냐'고 반박한다.

이는 파워 향상의 목적을 정확히 모르고 하는 말이다. 파워라는 단어의 어감이 홈런과 쉽게 매치되기는 하지만 파워를 향상하는 게 꼭 홈런을 치기 위함만은 아니다.

우선 파워를 향상시키면 배트 스윙 스피드가 향상된다. 스윙 스피드가 향상이 되면 타구 스피드가 빨라진다. 타구 스피드가 향상되면 안타를 생산할 확률이 높아진다. 타구 스피드가 향상이 되면 자연스레 타구의 비거리가 늘어난다. 이렇듯 파워를 향상시키는 건 타구 스피드를 향상시키는 게 목적이지 홈런이 목적이 아니다. 홈런은 타구 스피드를 향상시키면 저절로 따라오는 결과물일 뿐이다.

위 스카우터의 말을 다시 살펴보자. 모자란 홈런은 2루타와 3루타로 채우면 된다는데 그 2루타와 3루타는 어떻게 칠 수 있는가? 이정후 선수가 아무리 타격능력이 뛰어나더라도 투수가 던진 150킬로미터가 넘는 공을 자신이 원하는 2루, 3루타 코스에 정확히 보낼 수 있는 능력은 없다. 메이저리그 투수들의 빠른 공을 상태하기 위해서는 빠른 배트 스피드가 필수이며, 빠른 타구 스피드가 필수이다. 2루타, 3루타를 많이 치기 위해서도 빠른 타구 스피드가 필수이다. 그런데도 이정후 선수가 메이저리그에 진출하기 위해서 홈런 개수를 늘릴 필요는 없다는 내용과 파워를 늘릴 필요는 없다는 내용을 같이 취급하는 오류를 범하고 있는 것이다.

한 초등학교 6학년 선수의 학부모를 만난 적이 있다. 타격에 상당한 소질이 있는 아이였다. 레슨을 받으며 타격능력이 엄청 향상되었다고 한다. 타구 스피드가 빨라진 게 육안으로 느껴질 정도는 물론 비거리가 늘어난 걸 너무나 명확히 느끼고 있다고 했다. 그런데 이 학생의 아버지는 표정이 어두웠다. 왜냐하면 학교에서는 살살 치라고 얘기한다는 것이었다. 타구 스피드가 빨라져 안타를 많이 생산하고 있는데도 말이다.

우리나라의 많은 야구선수들은 위와 비슷한 고민들이 있을 것이다. 살살 쳐서 자신들이 원하는 곳에 정확히 타구를 보낼 수 없는 걸 아는데도, 짧게 살살 치라고 지도자들이 가르치니 혼란스러운 것이다. 살살 치면 수비수들이 아주 잡기 쉬워지는데도 말이다.

다시 한번 말하지만 웨이트를 해서 파워를 향상시키는 건 홈런을 치기 위한 것이 아니다. 타구 스피드를 향상시키는 것이다. 홈런은 덤이다.

내가 야구단에서 일하며 그나마 자신있게 얘기할 수 있는 건 벌크업이 어느 정도는 당연하게 필요한 부분이라는 것과 그러기 위해서는 휴식이 중요하다는 것, 야구 현장에서 BABIP에 대해 가장 먼저, 그리고 가장 적극적으로 활용했던 사람이라는 사실이다. 벌크업은 이제 어느 정도 받아들여진 일반적인 것이 되었기 때문에 내가 더 신경 쓸 필요가 없는 것 같다.

야구는

후회를 관리하는

게임이다.

– R.A. 디키

내가 아니면
그만이다

나에 대한 평가 중에 가장 많이 듣는 말이 '호불호가 갈린다'는 말이다. 물론 이 표현도 많이 순화시킨 표현이다. 이런 말을 듣는 이유는 대개 자기주장을 굽히지 않는 데서 기인하지만 표현이나 말투가 강한 탓도 크다.

예전에는 욕먹는 게 싫고 모든 사람에게 좋은 소리만 듣고 싶었던 적도 있다. 타인이 나를 비난하거나, 뒷담화하는 걸 견디는 게 힘들었던 적도 있다. 하지만 그런 마음가짐으로 생활할 때 스트레스가 훨씬 많았다. 공황장애도 그 시절에 생긴 듯하다.

당신이
과민 반응하는 이유

그런 마음을 내려놓게 된 것은 내가 모든 사람을 만족시킬 수 없다는 걸 깨닫게 된 뒤부터다. 사람들이 나의 의견을 듣지 않고 무시할 수도 있으며, 뒤에서 욕도 할 수 있다. 하지만 그런 사람들 때문에 나의 소신이나 신념을 바꾸고 싶진 않았다.

비판은 귀담아 듣되 얼토당토않은 얘기는 신경 쓰지 않았다. 예컨대 앉아 있는 자세가 보기 싫다든지, 주머니에 손 넣는 모습이 싫다든지 하는 지적은 무시했다(정말 실제로 그런 지적을 하는 사람이 있었다). 내가 지적받은 행동이 타인을 방해하거나 피해를 주는 행동이 아니기 때문이다. 그런 동작 하나하나까지 신경 쓰기 시작하면 일적인 면에도 영향을 미칠 수 있다고 생각했다.

연예인을 보면 극성인 사생팬도 있는 반면 안티팬도 있다. 인기 연예인일수록 안티팬이 많은 법이다. 남을 지나치게 의식해서 내가 가야 할 방향에서 머뭇거림은 없는지 한번 생각해볼 일이다. 분야를 막론하고 말이다.

몇 년 전 영화 〈오피스〉가 개봉했을 때의 일이다. 이 영화는 직장에서 일어나는 의문의 사건을 그린 스릴러물이다. 주인공인 고아성 배우는 본인의 배역 탐구를 위해 직장인 친구를 만났다고 한다. 그리고 광화문의 한 카페에서 늦은 밤까지 야근을 마치고 나오는 회사원들을 관찰했는데, 그때 회사원들의 얼굴을 보고 깜짝 놀랐다고 한다.

이유는 회사에서 나오는 사람들의 표정이 없어서였다. 어떻게 저렇게 아무 감정 없이 걸어다니는지, 대부분이 영혼이 나가 있는 모습이어서 정말 놀랐다는 것이다. 이 인터뷰가 나오자 SNS 등지에서 몇몇 사람들이 격렬한 반응을 토해냈다고 한다. 직장인을 비하해서 기분이 나쁘다는 것이 주된 내용이었다.

실제로 고아성 배우가 어떤 마음으로 회사원들을 바라봤고 어떤 의도로 저 인터뷰를 했는지는 모르지만, 난 고아성 배우가 나름 회사원의 고충을 이해하고 위로해주고 싶은 마음을 담았다고 느낀 바 있다. 하지만 SNS상에 기분이 나쁘다며 격렬한 반응을 토해낸 사람들은 왜 그랬을까? 추측컨대, 고아성 배우의 인터뷰가 기분 나쁜 사람들은 실제로 본인들이 그런 삶을 살고 있기 때문이 아닐까.

내가 고등학생 시절, 한 선생님은 학생들에게 "바보야"라고 자주 말씀하셨다. 그래서 선생님께 한번은 이렇게 말한 적 있다. "선생님은 왜 그렇게 '바보야'라고 학생들을 놀리세요? 기분 나쁘잖아요!" 그랬더니 선생님께서는 이렇게 말씀하셨다.

"똑똑한 학생에게 '바보야'라고 한다고 그 학생들은 기분 나빠하지 않는다. 진짜 바보에게 '바보야'라고 하면 엄청 화를 낸다."

가만히 돌이켜보면 내가 타인에 의해 감정이 상하고 격하게 반응할 때는 대개 내 속내가 들켰을 때가 아닌가. 상대방의 조언에 과민 반응한 적이 없는지 자신을 돌아볼 필요가 있다.

▌어디에나 있다
▌냉면 같은 사람

야구계에도 '착한 사람 콤플렉스'가 있는 사람이 꽤 있다. 내가 만난 어떤 선수와 코치는 남에게 욕먹는 걸 극히 두려워했는데, 그래서인지 이들을 싫어하는 사람이 거의 없었다.

문제는 이런 유형의 사람들은 중요한 순간에 의견을 물어보면 명확하게 대답하지 않는 경향이 있다는 것이다. 두루뭉술한 대답을 한다. 이렇게 해도 되고, 저렇게 해도 되고….

하나의 의견을 얘기했을 때 반대쪽 의견을 가진 사람들로부터 욕먹는 것이 싫기 때문이다. 또 이런 사람들은 웬만해서는 앞장서서 나서지 않는다. 혹시 자신에게 피해가 올 수도 있으니 말이다.

한번은 코치들만 모인 회의 석상에서 수석코치가 A라는 코치에게 '당신이 감독이라면 어떤 결정을 내리겠나?'라는 질문을 한 적이 있다. 그때 A코치는 이런 답을 했다. "제가 감독이 아니기 때문에 답을 할 수가 없습니다."

나로서는 당시 그 대답이 조금 충격적이었다. 일반 직장인들과 달리, 야구단에서는 회의를 하는 게 자주 있는 일은 아니다. 회의를 하더라도 일방적인 지시를 듣는 게 대부분이라 코치들은 특별한 말을 하지 않는다.

타인을 배려하느라 그 의견에 따르는 것일 수도 있지만, 자신에게 피해가 되지 않는다면 굳이 다른 일에 의견을 내고 싶지 않다는 마음일 것이다. 이런 개인적인 성향이나 생각은 존중하지만 난 이해가 되지 않을 때가 많았다.

언젠가 내게 이런 표현을 한 사람도 있다. '가늘고 길게 냉면 같은 야구인이 되고 싶다'고. 난 이 말을 들었을 때 '내가 대표라면 이 사람은 감독이나 코치로 쓰지 않겠다'고 생각했다.

야구단에 있으면서 막상 회의 석상에서 의견을 물어보면 아무 말 하지 않던 사람들이 삼삼오오 모여 흡연을 하거나 술을 마실 때는 결정된 내용의 문제점에 대해 비판하는 걸 많이 봐왔다. 왜 그때 얘기하지 않았는지 물어보면 대개 얘기해봐야 그 결정이 바뀌지 않을 거라는 걸 알고 있어서 얘기하지 않았다고 한다.

이런 말에 나는 동의할 수가 없다. 자신의 의견을 얘기하지도 않았으면서 전체가 결정한 내용에 대한 불만을 가지는 건 비겁한 일이라고 생각한다. 자신의 의견이 받아들여지지 않을 것이라는 생각은, 자신이 주장하는 내용이 그만큼 설득력이 없어서라고 생각하지 않고 그저 자신의 생각을 받아들여주지 않는 사람들의 탓으로 돌려버리는 것이다. 그리고 의견을 피력해보지도 않았는데 어떻게 결과를 예측할 수 있는가. 나는 도무지 이해가 되지 않는다.

타이타닉이 침몰한 이유

일을 하면서 내가 많이 들었던 말 중 하나가 월권행위이다. 요즘처럼 협업이 강조되는 시대에도 월권이라는 단어가 여전히 많이 쓰인다는 것도 잘 이해되지 않는다. 내게 월권이라고 말하는 코치들의 논리대로라면 오히려 그들이 내 일에 대해 월권행위를 더 많이 했다.

예컨대 선수들에게 감기 조심해라, 부상 조심해라, 몸 관리 잘해라 등등의 말을 하는 것도 따지고 보면 자기들 일이 아닌 나의 일이다. 그래도 난 그런 행위들을 단 한 번도 월권이라 생각해본 적이 없다. 선수들을 걱정하고 위하는 마음의 표현이고 나의 일을 도와준다고 생각했을 뿐이다.

또 이런 일도 있었다. 선수나 코치를 대상으로 종종 강의를 하는 편인데, 새 팀에 가서 강의를 하고 난 후 한 타격코치가 나에 대한 불만을 토로했다는 얘기를 전해 들었다. 그런 일이 적지 않아 처음엔 그러려니 하다가 그래도 어떤 이유인지 궁금해서 그 말을 전해준 트레이너에게 물었다. 그랬더니 트레이너인 내가 타격에 대한 얘기를 했기 때문이라고 했다.

순간 당황스러웠지만, 내 강의 내용 중 타격에 관련된 얘기가 뭔지 차분히 다시 찾아봤다. 방망이에 링을 끼우고 스윙하는 것이 과학적으로 스윙 스피드를 빨라지게 하지 않는다는 것과, 웨이트 트레이닝을 통해 힘을 기르면 타구 스피드를 향상시킬 수 있다는 부분이었다. 난 이 내용이 트레이닝에 관련된 얘기라 생각했고, 실제로 덧붙인 설명도 대부분 결국 기술 향상에 도움이 된다는 것이었다. 하지만 그 내용에 관해서도 내가 주제넘게 월권행위를 한다는 말이 따라온 것이다.

또 다른 코치는 내가 감독에게 투수의 투구수 관리에 대해 얘기하고, 게임 등판에 대한 의견을 제시한 것을 두고 월권행위라 비난한 적도 있다. 부상은 나의 일인데도 불구하고 부상 방지를 위한 의견을 내는 것이 월권행위라 비난했다. 자신들의 일에 대해 조금도 침범하지 말라는 것이었다.

영화 〈타이타닉〉을 보면 배를 운항하는 데 많은 사람들이 역할을 분담해 일을 하는 걸 알 수 있다. 키를 잡고 있는 조타수, 석탄을 떼면서 엔진을 가동시키는 인력, 망원경을 가지고 전방을 주시해 위험한 상황을 미리 판단하는 사람 등으로 역할이 분담되어 있다.

타이타닉호가 빙하에 부딪혀 좌초되는 이유는 아마도 전방을 살펴야 하는 사람이 빙하를 미리 보지 못했기 때문일 것이다. 그런데 만약 내가 석탄을 떼는 엔진실에서 일하는 사람이라고 치자. 잠깐의 휴식을 취하기 위해 배 갑판에 나와서 담배를 피고 있는데, 전방을 살펴야 하는 사람은 졸고 있고, 내가 빙하를 발견했다면 어떻게 할 것인가? 그건 내 일이 아니니 그냥 모른 척하는 것이 답인가?

월권이라는 비난이 두려워 아무 말 하지 않는 것도 문제이지만, 좋은 의견을 월권이라는 테두리에 가둬 자유롭게 말할 수 없는 문화를 만드는 것은 더 큰 문제이다. 팀 성적, 즉 결과에 대한 공동책임은 당연한 것이지만, 더 나은 결과를 만들기 위해 머리를 맞대고 함께 노력해야 하는 것도 공동의 책임이다. 그렇지 않다면 그건 직무유기이다. 융합이라는 단어가 이제는 평범한 단어가 된 시대이다. 이런 시대에 월권이라는 단어가 어울리는지 생각해볼 필요가 있다.

내가 정말 아끼는 후배 중에 교사가 있다. 이 친구는 평소에는 남을 배려하느라 항상 손해를 감수하고 사는 스타일이다. 자신의 의견보다는 타인들이 결정하는 의견에 따르는 스타일이고 그냥 둥근 게 좋은 거라고 남들이 조금 불편해할 만한 의견을 내지 않는 스타일이다. 지인들에게 카톡 메시지를 보낼 때도 상대방이 오해할까 봐 걱정하며 몇 번이고 고민해 메시지를 보낼 정도이다.

그러던 어느 날, 학교에서 1학기 때 수업 배분에 대한 회의를 하게 되었는데 회의에 참석해 아무 의견을 내지 않고 나머지 교사들이 결정한 내용을 그냥 따랐다고 한다. 각자 자신에게 유리하게 의견을 냈는데, 이 후배는 자신의 의견이 너무 이기적으로 비춰져 다른 교사들로부터 욕을 먹진 않을지 걱정을 한 나머지 아무 말도 못 한 것이다. 그리고 학기를 마무리할 때쯤 되돌아보니 남들보다 수업도 많고 신경 쓸 일이 많아서 너무나 힘들었다고 한다.

이 얘기를 듣고 나는 2학기 시작 전 다시 회의가 소집되면 그땐 의견을 꼭 내라고 조언했다. 만약 그러지 않는다면 결정된 내용에 불평불만할 필요가 없지 않느냐고 덧붙였다. 이후 후배가 2학기는 1학기보다는 좀 편해질 것 같다며 너무나 밝은 목소리로 전화를 걸어왔다. 회의 때 자신이 생각하는 것과 원하는 것을 있는 그대로 얘기했다고 한다. 그렇게 말하면 반발이 심할 줄 알았는데 좋게 잘 해결되었다고 너무 좋다고 했다.

　우리나라 문화 때문일 수도 있고 개인의 성향 때문일 수도 있다. 자신의 의견을 내는 것을 부담스러워하는 사람들이 많고, 자신의 의견을 강하게 어필하면 모난돌로 평가받는 분위기 때문일 수도 있다. 하지만 계속되는 불이익을 감수할 생각이 없다면 전체가 모인 자리에서 자신의 의견을 내는 것이 옳다고 생각한다. 그리고 그런 환경을 만들어가야 회의도 의미를 갖는 것이 아닐까.

인간관계의
Give and Take

중학교 2학년 야구선수의 학부모가 고민 상담을 해 온 적이
있다. 아들이 그동안 아주 밝은 아이였는데 갑자기 짜증이 늘
고 야구를 그만두고 싶다고까지 해 너무 걱정된다고 했다. 단
순히 사춘기인지, 어떤 문제가 있는 건지, 어떻게 해야 될지 모
르겠다고 해서, 내가 그 아이를 만나보았다.

아이는 야구선수로서의 자존감이 많이 낮아진 상태였다. 학
교에서 감독이 잘하는 건 이야기하지 않고 부족한 부분만 계
속 강조해 혼만 내다 보니 야구가 점점 재미없어졌다고 했다.
그러니 야구가 하기 싫어진 것이다. 또 감독이 자신이 멋만 부
리려 하고 야구를 열심히 하지 않는다는 등의 부정적인 얘기

를 부모님에게 한 것도 힘들어했다.

공정함에도
주관이 들어간다

나는 중학교 2학년으로서 아주 자연스러운 행동이며, 우리 어른들도 그런 시기를 다 겪지 않았냐며 아이 부모를 안심시켰다. 아이를 이해하고 좀 지켜봐주고 기다려달라고 말이다. 그리고 일주일 후에 이 부모를 다시 만났는데 그사이 별반 달라진 것이 없다고 했다.

아이와 다시 대화를 나눠봤다. 아이는 머리를 기르고 싶은데 부모님이 기르지 못하게 하고 친구들과 조금 더 놀고 싶은데 10시가 통금이라 불만이라고 했다. 이 두 가지만 해결되면 부모님이 원하는 대로 다 하겠다고 했다. 그래서 난 그 두 가지 해결해줄 테니 대신에 너도 친구랑 어디에서 노는지 부모님께 알려드리고, 나쁜 행동은 절대로 하지 않아야 한다는 약속을 받았다.

이후 아이 어머니와 셋이 모여 이 부분을 얘기했다. 어머니의 허락이 떨어지니 아이의 얼굴 표정이 금세 바뀌었다. 그걸 보시더니 아이 어머니도 정말 오랜만에 웃는 걸 본다고 너무 좋아했다. 그래서 난 어머니에게 어떻게 아이한테 바라기만 하시냐고, 어머니도 뭔가 주는 게 있어야 아이도 양보할 마음이 생긴다고 말했다. 무슨 말인지 이해됐다며 아이 어머니와 즐거운 마음으로 헤어졌다.

　흔히 'give and take'라는 말에는 조금 부정적인 이미지가 있다. 무엇인가를 할 때 보상을 바란다는 느낌 때문일 것이다. 하지만 난 사회 생활할 때 give and take의 마인드가 기본적으로 필요한 것이 아닌가 생각한다.

　2021년 2월 모 그룹이 역대 최대 실적을 냈음에도 불구하고 경쟁회사보다 상여금이 터무니없이 적어 직원들의 불만을 해소하기 위해 진땀을 흘렸다는 뉴스를 본 적이 있다. 회사에서 열심히 일해서 좋은 성과가 났을 경우 상여금을 기대하는 것은 당연하지 않은가. 아마도 이런 경험이 쌓여 마침내 이직을 결심하는 계기가 되지 않을까 생각한다.

　회사가 아닌 인간관계에서도 give and take 정신이 작용한다고 나는 믿는다. 가족이나 정말 친한 친구를 제외하고 아무 바라는 것 없이 인간관계를 유지하는 사람은 드물 것이다. 인간관계의 핵심은 무엇인가를 주고받는 것이다. 지금 당장이 아니더라도 언젠가는 서로 유용한 관계일 수도 있다는 기대감에 유지하게 하는 것이다. 그 무엇을 얻기 위해 나의 어떤 걸 주기도 하는 것이다.

내가 야구단 일을 쉴 때는 연락 오는 사람들의 숫자가 절반 이상 줄었다. 더 이상 내가 야구단에 있지 않으니 야구에 관련된 부탁을 할 일이 없기 때문이다. 그런 사람들은 나한테 얻을 수 있는 게 없기 때문에 나한테 뭘 주지도 않을 것이다.

남에게 받을 게 없는 사람은 굳이 내 무언가를 주려고 할 필요도 없다. 어차피 내가 줄 게 없으면 떠날 사람들이기 때문이다. 인간관계로 고민하고 있는 사람들에게 꼭 해주고 싶은 말이다.

야구단에 오래 있으면서 성공한 야구선수들을 많이 봐왔다. 그런 선수들 중 실력이 워낙 뛰어나서 성공한 선수도 있지만, 실력이 조금 부족한 듯해도 남들보다 실력을 발휘할 수 있는 충분한 기회가 주어져서 성공한 선수들도 있다.

감독은 선수 기용 면에서 항상 비판을 받는다. 감독 나름대로 공정하게 선수 기용을 한다고 하지만 그 공정에 문제가 있다고 비판받는 것이다. 어떻게 보면 아주 당연한 결과다. 흔히 말하는 공정함의 기준은 무엇인가. 공정함이란 공평하고 올바름이란 사전적 의미를 가지고 있다. 하지만 이 뜻은 아주 주관적이다. 그러므로 선수 기용의 기준은 감독마다 다를 수 있다.

그렇다면 다들 비슷한 실력이라고 가정했을 때 감독의 눈에

띄어 보다 더 많은 출전 기회를 얻을 수 있는 방법은 무엇일까? 개인적인 생각일 수도 있지만 나는 인사성, 붙임성, 긍정적 기운이라는 매력을 가진 사람이라고 생각한다.

웃는 얼굴을 보기 힘든 선수가 한 명 있었다. 항상 무표정한 얼굴에 인사성도 밝지 못하고, 겉으로 보기에는 주변 사람들과 잘 어울리지도 못하는 그런 선수였다. 이 선수는 등판 때 좋은 결과를 얻으면 다음의 기회가 주어졌지만, 조금이라도 결과가 좋지 않으면 바로 2군행을 통보받기도 했다. 또한 선발로 등판했을 때도 초반에 점수를 주기만 하면 바로 교체되기 일쑤였다. 다른 투수들과 똑같은 기준이 적용되지 않았다. 난 그 이유가 그 선수의 인간미라고 추정한다.

프로 야구단에 17년 정도 있으면서 내 나름의 경험 데이터가 있다. 대화를 해보거나 평소 행동을 보면 이 선수가 야구선수로 어느 정도 성공할 것인지 느낌이 온다. 물론 다 맞는 건 아니지만 그래도 확률이 꽤 높은 편이다. 말로 설명하기는 힘들지만 선수의 눈빛, 태도, 뿜어내는 아우라를 보면 짐작이 된다.

요즘 고등학교 야구선수를 만날 때 내가 자주 하는 말이 있다. "야구 실력이 톱클래스가 아니라면 매력적인 사람이 되어라! 매력이 있으면 남들보다 더 많은 기회를 받을 것이고,

너희는 그 기회를 잡을 수 있을 것이다"라고.

그 매력이 바로 눈빛, 태도, 인성 등 설명할 수 없는 느낌들이다. 그런 매력적인 선수들이 성공할 확률이 높은 건 어쩌면 당연한 것이다. 그러니 본인의 능력을 알아봐주기까지 안정적인 기회를 얻고 싶다면 본인의 매력을 보여줘라. 세상에 인사성 밝고, 사교성 좋은 이를 싫어할 사람은 없다.

마찬가지로 취업 면접을 본다고 해보자. 면접관들이 아주 많은 사람들을 인터뷰할 텐데 정답이 없는 질문에는 아마도 눈빛, 태도가 인상적인 사람이 더 각인될 것이다. 방송국 아나운서들이 예능프로에 나와 재치가 있거나 유머러스한 대답을 해서 면접에 통과한 거 같다고 말하는 걸 들어본 적 있지 않은가. 매력적인 사람이 되어보자!

▌사람에 대한 평가는
▌상대적인 것

한 야구팀 관계자가 내게 이런 말을 한 적이 있다. '능력은 인정받으셨는데 세평은 좋지 않던데요'라고. 그 말을 들은 나는 생각했다. '당신은 생각이 짧아 좋은 리더가 될 그릇은 안 되는군요.'

또 다른 관계자를 만났을 때의 일이다. 그 팀에서 흔히 말하는 실세였으며 차기 단장이라는 소문이 파다한 힘 있는 사람이었다. 그와 첫 술자리를 가지게 되었는데 내게 이런 말을 했다. "이 코치에 대해 안 좋은 얘기 많이 들었다." 난 또 이런 생각을 했다. '이 사람은 처음 본 나에게 이런 말을 하는 이유가 뭘까? 상대에 대한 예의가 없는 사람이구나.' 결국 난 이렇게 말했다. "팀장님, 저도 팀장님에 대해 안 좋은 얘기 많이 들었습니다. 하지만 그건 그 사람들의 생각인 거고, 저는 제가 겪고 난 다음에 판단합니다."

위 두 사람은 아마도 구단 임원이 되는 게 목표일 거라고 추측해본다. 그 자리에 오르려고 많은 노력을 할 것이고, 실제로 그 자리에 오를 수도 있다. 하지만 그 자리에 올라 좋은 리더로 성공할 수 있을지는 잘 모르겠다. 어떤 사람의 능력과는 아무 상관이 없는 세평을 듣고, 이를 그대로 판단 기준으로 삼는 사람이 어떻게 조직을 잘 이끌 수가 있겠는가?

우리나라에서 진보적인 생각을 가진 사람에게 전직 대통령에 대한 질문을 하면 어떤 대답이 돌아올까. 보수적인 생각을 가진 사람에게 현직 대통령에 대한 질문을 하면 어떤 대답이 돌아올까. 다들 잘 알지 않는가? 세평이란 그런 것이다.

내가 만난 한 구단 관계자는 이렇게 얘기한 적도 있다. "이 코치에 대한 이야기를 몇 명에게 들었는데 내가 직접 겪어보니 저랑 무척 잘 맞는 것 같습니다. 그 사람들의 이야기가 잘 이해되지 않네요."

같이 일했던 한 트레이너는 내게 이런 얘기를 해주었다. 친한 다른 팀 트레이너를 만났는데 나랑 일하는 게 힘들지 않느냐고 했다는 것이다. 그래서 전혀 그렇지 않다고 답하니 너무 놀라더라는 것이다. 그 트레이너는 내가 보이는 이미지가 강해 일할 때 후배를 휘어잡는 스타일로 생각한 모양이다. 누군가 나의 한쪽 면만 보고 그와 비슷한 얘기를 한 것일까.

이렇듯 사람에 대한 평가는 상대적인 것이다. 자신의 의견에 토 달지 않고, 시키는 일만 잘하길 바랐던 사람들에게 나는 입바른 소리하는 피곤한 사람이었을 테지만, 나의 성향과 역할을 존중하고 또 조직에 필요하다고 생각한 사람들에게는 다른 평가를 기대해볼 수도 있는 것이다.

한 개인에 대한 몇몇의 평가가 그 사람의 전부가 될 수는 없다. 사람을 겪어보기 전에 판단하는 오류는 이왕이면 하지 말자.

자리가 그 사람을 보여준다

자리가 사람을 만든다는 말이 있다. 이 말은 사람이 어떤 직위에 있게 되면 그에 어울리는 모습으로 변하게 마련이라는 말이다. 전혀 공감 못하는 말은 아니지만 경험상 나는 다음의 말을 더 신뢰한다. '자리가 그 사람을 보여준다.'

솔직히 말하자면, 그동안 조직 생활을 하면서 직책이 올라갈수록 그 직책에 맞는 리더십을 보여준 사람을 많이 만나보지 못했다. 코치에서 감독으로 승진한 사람, 평사원에서 고위직까지 올라간 사람 대부분이 직책이 바뀌면서 그 사람의 본래 모습이 나오는 듯하다. 나 역시 이 부분에서 완전히 자유롭지는 못하다.

선수들과 얘기를 해보면, 대부분 좋은 지도자가 될 자질을 갖추고 있다. 자신들이 지도자가 되면 지금 현재 선수들이 지도자들로부터 받는 스트레스를 절대 선수들에게 주지 않겠다고 하기 때문이다. 아주 이상적인 지도자 상이지 않은가. 하지만 선수를 그만두고 지도자가 되면 90%는 그 약속을 지키지 못한다. 한때는 정말 순수하게 이들의 말을 믿은 적도 있다.

코치들도 마찬가지이다. 코치 때 감독으로부터 받는 스트레스와 비합리적인 조직 운영에 대해 불평불만을 늘어놓으면서 자신이 감독이 되면 절대 그렇게 하지 않겠노라고 얘기한다. 그런데 정작 그 코치가 감독이 되면 그렇게 하지 않는다. 그러면서 자주하는 말이 그때 감독님의 마음을 이해하겠단다.

한 베테랑 선수가 은퇴하고 코치가 되어서 내게 이런 말을 한 적이 있다. 자신은 선수들 폼은 절대 건드리지 않을 것이라고. 이 코치는 2군에서 일을 했는데 시즌 중 2군 선수 한 명을 콜업했을 때 난 정말 기겁하는 줄 알았다. 그 2군 선수의 폼이 그 코치의 현역 시절 폼과 완전히 똑같았기 때문이다.

밑바닥부터 시작해 간부의 위치에 오른 어떤 분은 아랫사람들과 소통을 잘할 것이고 꼰대가 되지 않겠다고 얘기하고 다녔다. 그렇게 말한 사람이 선수들끼리 알아서 할 문제인 백넘버 배정 문제에 개입하고, 지방 원정을 가서는 호텔 로비에 앉아서 선수들 외출을 감시하는, 정말 꼰대 같은 행동을 했다.

이런 일도 있었다. 외국인 선수의 재계약에 관한 회의가 소집된 것이다. 해당 외국인 선수의 재계약을 하는 것이 맞는 것인지, 새로운 선수를 선발하는 게 맞는지 결정을 내리기 위한 자리였다. 각 파트의 담당자들이 다 모이고, 트레이닝 파트에서는 내가 참석했다. 파트별로 의견을 얘기했고, 나도 내 의견을 명확히 얘기했다. 당연히 의견은 조금씩 달랐지만, 의견이 달라도 어떤 결정이든 내려야 하는 상황이었다.

이럴 땐 그 회의를 소집한, 최종 결정권을 가지고 있는 고위 간부가 의견을 듣고 결정을 내리는 게 맞다고 생각한다. 하지만 그 회의에서는 아무런 결정도 내리지 못했다. 마지막 한마디는 정말 압권이었다. '감독님께서 결정하시게 두자'는 것이 아닌가.

물론 최종적으로는 감독이 결정하시는 게 맞지만, 그 회의의 목적은 구단의 입장을 정리해서 감독에게 전달하는 것이었는데도 입장을 정하지 못하는 것이었다. 난 속으로 이렇게 생각했다. '저 사람도 저 자리에 어울리는 사람은 아니구나.' 감독에게 떠넘기는 모습을 보면서 리더감은 아니란 생각이 들었다. 그렇다면 이런 회의는 왜 하는 것일까. 아마도 여러 사람에게 자신은 각 파트의 의견을 경청하는 리더라는 이미지를 심어주고 싶어서였을 것이다.

리더가 됐다면 리더에 맞는 결정을 내릴 수 있어야 하고 그 결정에 맞는 책임을 질 각오가 있어야 한다. 자리가 사람을 만들지 않는다. 자리는 그 사람이 어떤 사람인지를 적나라하게 보여줄 뿐이다.

나는 나와의 약속은

단 한 번도

어긴 적이 없다.

— 이치로

처음 관리자가 된
당신에게

고등학교 야구선수 학부모들과 대화를 나눈 적이 있다. 한 어머니가 자신의 아들이 조금 더 부지런하고 야구선수로서의 생활에 기본을 갖추었으면 좋겠다는 얘기를 했다. 그래서 난 이렇게 물었다. "어머니는 어릴 때 부모님께 어떤 얘기를 듣고 자라셨나요? 어릴 때 방청소는 잘하셨나요? 늦잠 자서 부모님께 혼나신 적은 없나요?"

나의 의도를 눈치챈 부모님들은 빵 터지셨다. 그 나이 때는 그런 말을 듣고 자라는 게 당연하다.

내가 대학을 졸업할 때쯤 갓 입학한 신입생을 보며 이런 생각을 한 적이 있다. '요즘 애들은 참 버릇이 없네.' 그런데 가만히 생각해보니 내가 입학했을 때도 선배들은 우리 학번 동기들에게 똑같이 얘기했다. '요즘 애들은 참 버릇이 없어.' 그래서인지 나는 '요즘 젊은 친구들은 기본이 안 되어 있어'라는 말에 큰 의미를 두지 않는다.

미숙하더라도 존중하라

내가 사범대를 나와서 주변에 중고등학교 체육교사들이 많이 있다. 그중 고등학교 클럽 농구팀 지도교사를 하고 있는 친구 얘기를 해볼까 한다.

클럽 농구팀은 엘리트 농구선수를 육성하는 팀이 아닌 취미 농구를 즐기는 팀이다. 이 팀은 수년 전 TV 프로그램에 나오기도 했다. 정말 유명한 농구선수 출신 방송인을 감독으로 영입해 특정 기간 동안 선수들을 훈련시키고 대회도 출전하는 내용이었다. 학생들 입장에서는 얼마나 꿈같은 시간이었을까? 농구 대스타가 감독으로 오고 TV에 나오기까지 한다니 정말 즐거웠을 것이다.

하지만 그 시기에 농구가 재미없어졌다며 그만두겠다는 학생이 많아 친구는 당황했다고 한다. 스타 출신 감독에게 무시당하고 존중받지 못해서라고 대답한 아이들이 많았다는 것이다. 방송 콘셉트인지는 모르겠지만, 실제로 그 감독은 많이 엄했다고 한다. 그러다 보니 아이들 입장에서는 즐거웠던 농구 시간이 점점 불편해졌고, 실수에 대한 두려움 때문에 상당한 스트레스를 받았다고 했다.

물론 감독의 입장에서는 아이들이 많이 부족해 보이고 예의 없어 보여 엄격하게 했을 수도 있다. 나도 고등학생 야구선수들을 만나며 종종 예의 없다고 느낄 때가 있긴 하다. 그래도 아직 미성숙한 아이들이니까 화를 내기보다는 어떤 방법으로 잘못된 행동이라는 걸 알려줄 수 있을지 고민하곤 한다.

이런 고민에 대해 내가 친구와 얘기를 나눠봤더니, 친구는 교사생활 20년이 다 되어 가는데 자신은 아이들이 잘못하거나 예의가 없는 행동을 해도 화가 나지 않는다고 했다. 어떻게 그럴 수 있을까?

친구는 이렇게 설명했다. 아이들은 성장하는 과정에 있다, 아이들이 미숙하다는 걸 이해하고, 한 인격체로 존중해주고, 그렇게 존중받는 느낌을 지속적으로 주면 아이들의 행동이 고쳐진다고 말이다. 그리고 가장 중요한 것은 반드시 '진심'이어야 한다고 덧붙였다. 겉으로는 이해한다고 하면서 반대되는 비언어적인 표현을 쓰거나, 표정은 굳어 있는데 말로는 이해한다고 하면 아이들은 금방 알아차린다고 말이다.

이는 어린 학생뿐 아니라 성인들의 사회적인 관계에서도 마찬가지라고 생각한다. 이해와 존중이 없는 관계는 누구나 그만두고 싶어질 것이다. 일이 힘들고 어렵더라도, 비록 실수를 하더라도 존중받고, 부족함을 이해받는다면 그 믿음에 보답하고 싶어질 것이다.

다소 상투적인 표현일 수도 있으나 이런 기본적인 것들이 정말 필요한 세상이다. 말처럼 쉬운 일이 아니기 때문에 상대의 입장에서 생각하고 이해해보려는 노력을 일상에서부터 트레이닝해보면 어떨까.

MZ세대 젊은이들이 기본기가 없다고 쉽게 평가하지 말고, 먼저 그들의 마음의 이야기에 귀 기울여보면 다른 이야기를 듣게 될 것이다. 그 이야기에 공감하면 가까워질 수 있다. 지금의 어른들도 언젠가는 오렌지족, 신세대 등으로 불리던 시절이 있었다는 걸 잊지 말자.

▌사람을 아마추어처럼 대하면 진짜 아마추어가 된다

내가 고등학생 시절 야간 자율학습이라는 것이 있었다. 정규 수업시간이 끝나고 밤에 교실에 남아 공부를 하는 시간이었다. 이때 이어폰을 끼고 음악을 들으며 공부한다고 선생님에게 맞았던 기억이 있을 정도로 자율의 범위가 좁았다.

듣자니 요즘은 학교, 지역마다 조금씩 차이가 있다고 한다. 친구가 근무하는 서울 소재 공립학교 같은 경우에는 야간 자율학습이 있는데 완전 자율로 운영되고 있으며, 관리 감독도 교사가 하지 않고 외부 자율학습 관리사를 채용해서 관리한다고 한다. 말 그대로 자율적 분위기여서 정말 공부를 열심히 하는 학생들은 시끄러워서 공부가 안 된다고 불평불만을 얘기할 정도라고 한다. 이렇게 세상은 많이 바뀌었는데 아직 야구단은 그렇지 못하다.

프로 야구단에도 자율훈련이라는 것이 있다. 전지훈련을 갔을 때 정해진 훈련시간 외 야간에 보통 자율운동이라는 이름으로 스케줄이 정해져 있다. 시즌 중에는 전날 장거리 이동을 했거나 하면 다음 날 자율운동이라는 스케줄이 따라온다.

국어사전에 따르면 자율의 뜻은 '남의 지배나 구속을 받지 않고 자기가 세운 원칙에 따라서 스스로 규제하는 일'을 뜻한다. 하지만 프로 야구단에서 하는 자율운동이 진짜 자율인지 항상 의문이었다.

훈련을 하든 안 하든 선수에게 맡기는 게 자율이고, 선수가 하고 싶은 훈련을 하는 게 자율인데, 보통 자율운동 시간에도 훈련 내용은 정해져 있다. 스케줄표 상에는 자율운동으로 표시해놓고 훈련 하는 인원과 안 하는 인원을 확인한다거나, 그 시간에 훈련을 하지 않는 선수들에게는 그렇게 하면 자율운동을 없애버린다고 하는 협박 아닌 협박을 한다.

나는 축구감독 설기현을 존경한다. 그는 2002년 월드컵 이후 벨기에 프로리그에 진출했다가 다른 유럽 축구도 경험한 후 한국 프로리그에서 은퇴했다. 그리고 2015년 성균관대에 부임하면서 설기현 감독은 한 인터뷰에서 이렇게 말했다. '단체 훈련은 하루 1시간 10분 이내, 주말은 무조건 휴식, 아침은 먹고 싶은 사람만 먹기!'

보통 아마추어 선수들의 일과는 대부분 이렇다. '아침식사-오전훈련-점심식사-낮잠-오후훈련-저녁식사-야간훈련-취침.' 훈련만이 살길이라며 오로지 훈련에 초점이 맞춰져 있다. 축구뿐만이 아니라 다른 종목도 별반 다르지 않은 걸로 알고 있다.

하지만 설기현 감독은 감독으로 부임하자마자 기존 지도방침을 완전히 깨고 선수들에게 자율성을 부여하는 훈련 방식을 도입했다. 본운동은 1시간 10분 이내로 제한하고 주말에는 무조건 휴식을 주는 방식이다. 아침은 먹고 싶은 사람만 먹기. 기존의 훈련 방식은 자기계발 시간이 턱없이 부족한데다가 훈련에 시달리다 보면 창의성이 떨어진다는 게 설기현 감독의 생각이다. 개인적으로 부족한 부분은 개인훈련을 통해서 극복할 수 있고, 아침밥을 먹는 것보다 아침잠을 더 자야지 컨디션이 좋아지는 선수도 있다는 생각에서 내건 약속들이다.

설기현 감독은 "선수생활 동안 다양한 곳에서 축구를 하면서 훈련 문화를 익혔다. 거기서 좋은 부분만 가져와서 적용하고 있다"고 설명했다. 이어 "1시간 10분의 훈련시간에는 조직력을 높이는 훈련만 한다. 나머지 시간은 선수 개인이 부족한 부분을 스스로 보완하는 것이다. 개인 능력이 좋아지면 자연스럽게 더 강한 조직력이 나올 수 있다고 믿는다"라고 덧붙였다.

설기현 감독이 부임하자마자 성균관대는 추계대학연맹전 4강, U리그 왕중왕전 준우승 등의 성과를 내며 대학축구의 강호로 자리매김했다. 2022년 현재 경남 FC 감독으로 재직 중인 그가 성균관대 감독 시절 인터뷰 내용대로 실천하고 있는 거 같아 다행이라고 생각하면서도 여타 다른 종목에까지 그 영향이 미치지 않은 것 같아 너무나 아쉽다.

우리나라 지도자들은 대부분이 선수가 해야 할 역할뿐 아니라 트레이너가 해야 할 역할까지 한다. 선수를 못 믿기 때문이다. 하지만 아무리 어린 고등학교 선수라 해도 선수가 해야 할 역할과 감독이 해야 할 역할은 다르다.

지도자들은 항상 말한다. '선수들이 알아서 스스로 자기가 부족한 부분을 찾아서 훈련했으면 좋겠다'고. 덧붙여 '선수들이 스스로 알아서 찾아서 하는 프로 선수의 마인드를 가져야 한다'고.

이런 지도자들은 시대의 흐름에 맞게 자율적인 분위기를 만들고 싶은데 선수들을 믿지는 못하니 자율훈련이라는 시간을 만들어놓는 것이 아닐까. 훈련시간을 오래 하지 않고 선수들에게 자율훈련 시간을 주면 어떤 사고를 칠지, 몸상태는 나빠지지 않을지 의심하기 때문에 그렇다고 생각한다. 사고를 칠 선수는 통제 안에 넣어도 사고를 치고, 몸상태에 관심 없는 선수는 아무리 관리를 해도 몸에 안 좋은 술, 담배는 물론 좋지 않은 식생활을 유지한다.

내가 자주 하는 말이 있다. '지도자들이 먼저 선수들을 프로 선수처럼 대하면 선수는 프로 선수가 될 것이고, 아마추어 선수처럼 대하면 아마추어 선수가 된다'고. 지도자들이 선수들을 아마추어 마인드로 대하는데 선수들이 프로 선수의 마인드를 가질 수는 없다. 만약 선수를 변화시키고 싶다면 지도자부터 먼저 변화해야 한다.

내가 생각하는 자율운동은 정규훈련 시간이 끝난 뒤에는

'아무런 스케줄이 없는 것'이라고 생각한다. 야간에 자율운동이라는 스케줄을 만들어놓는 것이 아닌, 정규훈련 종료 후에는 스케줄에 아무것도 표시해놓지 않는 것이다. 그렇게 해야 선수들은 진정 누구의 눈치를 보지 않고 자기가 하고 싶은 걸 할 것이다. 휴식이 필요하면 휴식을 할 것이고, 개인이 부족한 훈련을 하고 싶으면 그에 맞게 훈련을 할 것이다. 훈련량도 본인의 컨디션에 맞게 할 수 있기 때문에 부상도 예방하기가 수월해진다. 이것이 진정한 자율의 힘이라고 생각한다.

최근 코로나로 인해 재택근무를 하는 회사가 많아지고 있다. 회사를 다니고 있는 친구의 말을 들어보면 일하는 모습이 눈에 안 보여서 업무 효율이 떨어진다, 직원들이 일을 안 하는 거 아니냐고 생각하는 관리자도 있다고 한다. 개인훈련을 하거나 재택근무를 해도 자기가 맡은 일을 제대로 할 사람은 결국 한다. 단체훈련을 하고, 회사에 출근해도 제대로 하지 않는 사람은 어차피 안 한다.

▌믿어라, 그러면 보답할 것이다

미국 전지훈련 때의 일이다. 구단 고위 관계자가 점심시간에 나를 부르더니 '우리팀 선발 투수들은 책임감이 없다' '열심히 하지 않는 것 같다' 등의 얘기를 한참 했다. 다 듣고 난 다음 나는 이렇게 말했다. "어떻게 선수들이 책임감이 없을 수가 있습니까. 모든 선수들이 자신들의 기록과 연봉이 달려 있는데 누가 대충할 수가 있겠습니까."

이어 왜 선발투수들이 책임감이 '없어 보이는지'에 대해 설명했다. 먼저 3가지 유형의 선발투수를 예로 들면서 어떤 차이가 있는지 물었다. 첫 번째는 1회부터 5회까지 무실점으로 막고 6회에 3실점 하는 투수. 두 번째는 1회에 2점, 2회에 1점 실점 하는 투수. 세 번째는 2회에 3실점 하는 투수. 이 세 명의 선발투수 중 누가 가장 나은지 물었다. 그때 그분은 3명의 투수 중 한 명의 투수를 골랐다. 지금 이 글을 읽고 있는 여러분은 누가 가장 뛰어난 투수라고 생각되는가?

나는 똑같은 능력을 가진 투수라고 생각한다. 물론 더 디테일하게 투구수에 어떤 차이가 있으며, 주자는 몇 명을 내보냈으며, 삼진은 누가 많이 잡았는지에 따라 판단할 수 있다. 하지만 주어진 정보만으로 판단하면 3명의 투수 모두 방어율 4.50의 투수로 퀄리티 스타트를 기록한 준수한 선발투수들이다.

하지만 우리나라에서는 첫 번째 유형의 선발투수는 많은 연봉을 받으며 FA로 많은 돈을 벌 수 있는 가능성을 가진 선수이지만, 두 번째 세 번째 투수는 그냥 그저 그런 별 볼일 없는 투수다. 왜 그럴까?

두 번째, 세 번째 선발투수는 6회까지 던질 기회가 주어지지 않기 때문이다(요즘은 많이 발전했지만 그 당시에는 이런 분위기였다). 6회까지, 투구수 100개 정도를 던지는 기회를 주면 6이닝 3실점 할 수 있는 능력을 가진 투수인지 아닌지 알 수 있다. 하지만 투구수 40~50개에 교체해버려 2이닝 3실점 하는 투수로밖에 평가받지 못한다.

그래서 난 선발투수들에게 최소한 80개 이상의 투구수는 보장을 해주는 것이 좋다고 생각한다. 첫 번째 이유는 앞서 설명한 대로 3회부터 점수를 주는지 안 주는지, 확인할 필요가 있기 때문이다. 두 번째는 중간투수들의 부상 방지를 위해서이다. 보통 한 게임을 치르면 투수들의 총 투구수는 150개 정도 기록하게 된다. 만약 선발투수가 50개만 던진다면 나머지 100개의 투구수는 온전히 중간투수들이 나눠 던져야 한다.

이렇게 무리를 해서 이기기라도 하면 다행이지만 혹여 질 경우 불펜투수의 체력적인 부분에 문제가 생길 수 있다. 내일도 대기를 해야 하니까…. 선발투수들은 50개를 던지는 100개를 던지든 최소 4일은 쉬게 되어 있다. 그렇기 때문에 장기 레이스에서는 선발투수들의 투구수를 최대한 보장해주는 것이 좋다.

세 번째 이유는 선발투수의 문제점을 찾아야 다음 게임에서 잘 던질 수 있기 때문이다. 어떤 야구인은 연습할 때 찾으면 된다고 하지만 게임 상황에서 어떤 문제가 있는지 느끼는 것만큼 좋은 공부는 없다고 생각한다. 그리고 연습 때 문제점을 찾을 수 있다면 그날 부진하지도 않았을 것이다.

그런데도 왜 이런 교체를 하게 되는 것일까? 결정권을 가진 투수코치나 감독의 조급함 때문이 아닐까. 점수를 주는 데 아무것도 하지 않으면 불안이 해결되지 않기 때문에 가만히 있을 수가 없는 것이다.

야구인들이 자주 하는 말이 있다. 시즌은 42.195km를 달리는 마라톤과 같다고 말이다. 하지만 선수단 운용은 그렇게 하지 않을 때가 많다. 내가 코치들에게 자주 하는 말이 있다. "선수를 믿어라. 그럼 보답할 것이다." 선수를 믿지 못하면 절대 선수들은 보답하지 않을 것이다.

인정받고 싶을수록 잊지 말아야 할 것

한때 나는 내가 하고자 하는 일이 너무 중요한 일이라 내 의견이 잘 받아들여지지 않을 때 정말 답답했다. 그래서 조금의 양보도 못하고, 이해심도 부족했다. 그런 시기에 누군가 나를 비판하거나 의견 충돌이 생기면 견딜 수가 없었다. 트레이닝이 얼마나 중요한데, 그걸 제대로 하지 않고 어떻게 야구를 잘할 수 있느냐며, 팀이 좋은 성적을 거두지 못할 것이라는 생각도 했다. 지금 생각해보면 정말 창피하다. 아마도 야구선수 출신들 사이에서 괜한 자격지심을 부렸던 게 아닌가 싶다.

같은 선상에서 워밍업 하는 시간에 선수들 집중에 도움이 되지 않는 잡담을 나누는 코치들을 이해하지 못했고, 그 시간에 선수를 따로 불러 훈련시키는 것도 이해하지 못했다. 기술 훈련은 빼먹지 않고 하는 선수가 웨이트 트레이닝을 하지 않으면 화가 나기도 했다. 워밍업 시간에 훈련시키는 건 이전부터 쭉 해오던 방식이었고, 웨이트 트레이닝을 하지 않는 선수는 그냥 웨이트가 하기 싫었던 것인데, 난 나를 무시한다는 생각을 가졌던 것 같다. 분명 트레이닝 코치로서 자존감이 높지 않았던 시기였다.

내가 하는 일이 중요하지 않을 수도 있다는 걸 깨닫기 시작한 건, 선수들과 회사에서 나름 인정받기 시작할 때부터였다. 정확히 말하면 내가 하는 일'만' 중요한 것이 아니라는 걸 깨달은 것인데, 내 일이 별거 아니라는 게 아니라, 누군가의 도움 없이 혼자서는 아무 일도 할 수 없다는 것을 깨달았다는 의미이다. 그 이후로 나는 주변의 평가나 비판에도 여유롭게 대처

할 수 있었고, 선수들에게 트레이닝을 강요하지 않게 되었다.

전지훈련을 가면 보통 오전 9시 30분에 훈련을 시작해서 오후 1시경 훈련을 마친다. 그 시간을 잘 배분해 워밍업, 주루훈련, 수비훈련, 타격훈련을 한다. 하루는 훈련 스케줄을 짜는 회의가 있었는데 아무리 잘 짜도 시간이 부족한 것이었다. 코치들마다 자기 파트에 대한 욕심이 있어 쉽게 조율이 되지 않았다.

그때 난 워밍업 시간을 줄일 테니 다른 훈련을 하라고 했다. 부상에 대한 책임은 내가 질 테니 시간을 충분히 쓰라는 말도 덧붙였다. 진심이었다. 모든 코치들이 그건 안 된다며 차라리 자신들이 조금씩 양보하겠다고 했다. 내가 하는 일에 대한 욕심을 줄이니 워밍업 시간도 양보할 수 있는 것이었는데 이제는 모두가 내가 하는 일이 아주 중요하다고 해주는 것이었다.

야구단에는 여러 조직이 있다. 그 안에서 열심히 일하며 선수들이나 구단에 인정받기를 누구나 바라고 있을 것이다. 인정을 받고 싶고 존재감을 드러내고 싶을수록 자기 일에 대한 욕심을 조금 내려놓는 것이 필요하다. 조직 안에서 혼자서 이뤄낼 수 있는 일은 그리 많지 않고 부서 간의 유기적인 협업이 무엇보다 중요하기 때문이다. 내가 하는 일이 무엇보다 중요하다고 생각하는 태도가 아니라 타인 혹은 타 부서의 일을 먼저 존중할 때 나의 일과 역할이 도리어 돋보이는 경험을 하게 될 것이다. 앞선 나의 경험처럼 말이다.

▌누군가는 반드시
▌똥을 치워야 한다

2019년 서울대학교 졸업식에서 BTS를 세계적인 스타로 키워낸 방시혁 빅히트 엔터테인먼트 대표가 축사를 한 적 있다. 가장 기억에 남는 부분을 꼽자면, "나와 방탄소년단을 만든 건 부조리에 대한 분노"라고 말한 부분이다.

그동안 나는 야구계의 비주류로 지내오면서 상식적이지 않는 일이나 비효율적인 지도 방법들에 대해 불만을 표해왔다. 그런 나의 불만들이 여러 사람들을 불편하게 했고 많은 비판을 받아왔다. 그래서인지 방시혁 대표의 축사에 나는 많이 공감했다.

어느 조직이든 부조리하고 불합리한 여러 관행들이 있을 것이다. 많은 사람이 이런 것에 불만을 표하면서도 바꾸려는 노력은 하지 않는 것 같다. 괜히 나섰다가 오해를 받거나 윗사람들에게 미움을 사기 때문이다. 미꾸라지 한 마리가 물을 흐린다는 비난을 받는 것보다 그저 '똥이 무서워서 피하냐 더러워서 피하지'란 말을 하며 회피하는 길을 택하곤 한다. 나는 이런 부분들이 쉽게 이해되지 않았다. 똥이 더러우면 치워야 하지 않는가. 나를 위해서 그리고 여러 사람을 위해서라도.

내가 야구단에 처음 입사했을 때 연봉이나 복지 혜택에 불합리한 것들이 많았다. 여러 현장 직원들이 같은 불만을 가지고 있었으나 아무도 나서는 사람이 없었다. 이런 불만은 단지 술자리 안줏거리일 뿐이었다.

하지만 나는 그냥 넘기기보다는 부딪혀보는 쪽을 택했다. 그렇게 해서 개선이 된 것도 있고 안 된 것도 있다. 개선이 되면 여러 현장 직원들이 같은 혜택을 누리게 되었다. 좋은 변화들도 생겼지만 일련의 과정을 통해 나는 불평불만 많은 사람으로 점점 낙인이 찍혀갔다. 심지어 나로 인해 여러 혜택을 누리게 된 다른 현장 직원들도 나를 그런 시선으로 바라보는 것이었다.

솔직한 심정으로 혼자 고군분투하며 싸울 때 아무 도움도 주지 않던 다른 직원들과 혜택을 나누는 게 썩 좋진 않았다. 하지만 앞으로 야구단에 들어올 후배들이 누릴 수 있음에 만족했다. 누군가가 해결하겠지 하고 미루기만 한다면 근무 환경은 변하지 않을 것이다.

개인의 삶도 마찬가지이다. 누군가가 똥을 치우길 기다리지 말고 내가 먼저 치우는 마음을 가져보면 좋겠다. 당신이 지금 무난하고 편안한 회사 생활을 누리고 있다면 그것은 부조리에 맞서 목소리를 내는 구성원 한 사람이 있기 때문에 가능한 것임을 잊지 말자.

▍멍청한데 부지런한 최악의 리더는 되지 말자

불필친교(不必親校)라는 사자성어가 있다. 할 일과 맡길 일이 따로 있기에 상사가 모든 일을 직접 챙기면 안 된다는 뜻이다. 불필친교를 얘기할 때 4가지 리더상에 대한 얘기가 있다. 똑똑하고 부지런한 리더, 똑똑하고 게으른 리더, 멍청한데 부지런한 리더, 멍청한데 게으른 리더이다.

일반적으로 똑똑한 것과 부지런한 것은 좋은 뜻으로 쓰인다. 그래서 똑똑하고 부지런한 리더가 최고의 리더상이라 생각할 수 있다. 하지만 나는 똑똑하고 게으른 리더가 최고의 리더라 생각한다. 게으르다는 표현이 부정적으로 느껴질 수 있으나, 아랫사람이 느끼기에 게을러 보일 뿐 전체적으로 관리는 잘하는 걸 뜻한다. 구성원들에게 정확한 역할을 주고 많은 권한도 줄 것이다. 구성원들이 능력을 발휘할 기회를 많이 주기 때문에 장기적으로 조직에 많은 이점을 가져다줄 것이다.

최악의 리더는 멍청한데 부지런한 리더일 것이다. 야구단에 엄청 부지런한 코치가 있었다. 모든 일을 본인이 다 하려는 경향이 있었는데 그 이유가 다른 코치들과 선수들을 믿지 못해서였다. 그러니 선수들은 불편함을 느꼈고 대부분 그를 어리석다고 생각했다. 그가 아무리 부지런하다 해도 좋은 평가를 얻긴 힘들었고 조직이 잘 굴러갈 수도 없었다.

그동안 나는 후배들이 해야 할 일에는 되도록 관심을 가지지 않으려고 노력했다. 그렇다고 아무 신경을 쓰지 않는다는 말이 아니다. 조용히 지켜보되, 사소한 것까지 너무 디테일하게 관심을 가지지 않으려 한 것이다.

많은 사람들이 스스로를 똑똑한 리더라고 믿고 있을 것이다. 만약 당신이 정말 똑똑하다면 조금은 게으른 마음으로 구성원들이 능력을 발휘할 수 있게 관리 감독만 잘하면 된다. 그래야 그 구성원들의 능력을 극대화시킬 수 있을 것이다.

나에게 제일 현명하고 똑똑한 사람이 어떤 사람인지 묻는다면, 자기 주변에 있는 똑똑한 사람을 잘 활용하는 사람이라고 답할 것이다. 스스로 모든 분야의 지식을 습득하기 위해 열정을 쏟아붓기보다 자신이 잘하는 것에 집중하고 부족한 부분은 그 분야의 전문가를 잘 활용하면 된다.

내가 아는 A선수는 불신의 아이콘이었다. 누가 어떤 얘기를 해도 잘 믿지 않았다. 트레이너가 하는 말도 믿지 않고 심지어 의사가 한 얘기도 쉽게 믿지 않는 그런 선수였다. 자신이 직접 확인하기 전까지는 누구의 말도 믿지 못하는 성향 때문에 A선수는 매사에 많은 수고로움을 감수했고 엄청난 시간을 필요로 했다. 자신이 속해 있는 팀의 전문가인 트레이너에게 도움받으면 되는 일을 본인이 직접 확인하겠다고 급기야 서점에 가서 해부학 책을 사서 자신의 몸에 대해 공부를 하기 시작했다. 그 모습을 보고 '참 어리석구나' 하는 생각을 했다.

야구단에서는 게임 전 출전 선수를 확정하기 전에 트레이너가 선수들의 몸상태에 관해 보고한다. 당일 게임 출전이 힘든 선수가 누구인지, 현재 상태는 어떤지 등이 그 내용이다. 트레이너들은 자신의 의학적 지식과 선수와의 대화를 통해 가장 합리적인 결정을 하게 된다.

이런 전문가를 잘 활용하지 못하는 감독은 본인들이 직접 선수들을 불러 몸상태를 확인한다. 그러면 선수는 아주 난감한 상황에 처하게 된다. 선수는 트레이너와 얘기할 때는 게임을 빠지는 게 좋다고 얘기했지만, 감독이 물어보면 '할 수 있다'고 대답을 하게 되기 때문이다. 때문에 나는 이런 불편한 과정을 그만 해야 한다고 주장해왔다.

한번은 수석코치가 감독과 같이 선수를 불러 직접 몸상태를 확인하는 상황이 있었다. 그래서 난 수석코치에게 이렇게 얘기했다. "수석코치님이 감기몸살에 심하게 걸렸는데 만약 회사 대표님이 몸 안 좋으면 들어가서 쉬라고 얘기하면 어떻게 답하실 겁니까?" 그분은 당연히 '괜찮습니다'라고 답할 것이라고 했다. 이어 내가 감독이나 수석코치가 물어보면 선수들도 똑같은 마음으로 대답하게 된다고 설명했다. 그제야 수석코치는 이해했다며 다음부터는 선수에게 직접 물어보지 않겠다고 했다.

　감독이 되면 많은 코치들을 써야 한다. 그 코치들을 전문가로서 인정하지 않고 신뢰하지 못하면 감독 자신이 직접 다 관여하게 된다. 야수 출신의 감독이 좋은 투수코치를 기용해 믿고 맡기는 대신 본인이 직접 피칭에 대해 공부하고 직접 지도를 하려는 모습도 많이 봤다. 반대로 투수 출신 감독이 야수들 훈련을 직접 지도하는 것도 많이 봐왔다. 이런 행동은 자신의 리더십에 흠집만 만들 뿐이다.

　자신이 부족한 부분은 주변에 있는 전문가를 활용하는 것이 가장 현명한 방법이다. 그러면 몸도 마음도 편할 것이다. 그 시간에 다른 더 중요한 일을 하는 게 효율적이지 않을까.

S그룹 회장도
반도체 공장 출신은 아니다

나는 야구선수 출신이 아니다. 야구단에서 흔히 말하는 야구인이 아니라는 말이다. 야구단에 20년 가까이 있었으면 야구인이라 불려도 된다고 말하는 사람도 있지만, 난 그것보다 업무 환경에서 야구인과 비야구인을 나누는 말 자체가 싫었다.

업무적으로 내가 아무리 설명하고 논리적으로 말해도 돌아오는 대답이 '네가 야구를 안 해봐서 몰라' '야구인들만 아는 그런 게 있어' 등과 같은 말일 때는 더 이상 대화를 이어나가기도 힘들었다.

예컨대 고척돔구장이 생길 때의 일이다. 돔구장의 일반적인 특성이 공기저항이 적어 타구 비거리가 늘어난다는 이야기를 하자 한 야구인은 이렇게 대답했다. '도쿄돔에 가서 쳐봤는데 타구가 안 나간다. 네가 안 해봐서 모르는데 난 해봐서 안다.' 이런 식의 대화 말이다.

요즘 프로 야구단의 절반 이상은 야구인 단장이다. 야구인 단장만이 야구단을 잘 운영할 수 있다는 이야기를 많이 한다. 일견 맞는 말 같지만 세계적인 그룹인 S전자의 사장이나 회장이 반도체 공장에서 반도체를 손수 만들었던 사람은 아니지 않은가.

구단을 운영하는 데 있어 야구선수로서의 경험이 왜 중요한지 사실 난 잘 모르겠다. 프로 야구의 역사를 살펴봤을 때 구단의 단장들이 어처구니없는 현장 간섭을 많이 해서 이런 말들이 나온 이유도 있겠지만, 야구인이라고 현장 간섭을 안 하는 것도 아닌데 말이다.

일례로 야구인 단장이 게임 중 현장 직원에게 작전 지시를 하는 장면을 본 적 있다. 비야구인이 이렇게 하면 야구를 모르기 때문이고 야구인들은 야구를 잘 알아서 이렇게 해도 된다는 말일까. 아마 아닐 것이다.

▌자기 객관화의 중요성

야구선수들 중 오래도록 성공하는 선수가 있고, 반짝 성공한 선수가 있다. 오래도록 성공하기 위해서는 자신의 성공이 정말 자신이 잘해서인지, 아님 운이 많이 작용한 것인지, 여러 사람들의 도움이 어떻게 작용했는지를 아는 게 중요하다. 반짝 성공한 선수들 중에는 1년만 잘해도 자신의 능력을 과신하거나, 남을 무시하거나 하는 경우가 있다. 그 성공 뒤에 많은 사람들의 도움, 그리고 어느 정도의 운이 따랐을 텐데 말이다.

내 친구 2명을 소개해보겠다. 친구 A는 학교 교사로 주변에

미술, 수학, 영어 교사 친구들이 있는데, 그 친구들과 종종 술자리를 갖기도 하고 서로 의지하고 있다고 한다. 나머지 교사들은 A에게 항상 좋은 이야기만을 해주며 무조건 A의 편을 들어준다고 했다. 난 친구 A에게 이런 말을 한 적이 있다. "그 친구들은 어울려 놀기는 좋아도 중요한 결정들을 할 때는 조언을 구하지 않는 것이 좋겠다. 네가 객관적인 판단을 하기에는 방해가 될지 몰라"라고 말이다.

또 다른 친구 B는 중소기업 임원으로 일하고 있다. 평생 야구단에서만 일한 내게 사회생활의 경험을 많이 전달해준다. 나의 단점이나 잘못 등을 적나라하게 얘기해주는 편이며, 조언도 많이 해준다. 내가 야구단 생활이 힘들 때마다 B에게 전화해서 조언을 듣는 이유도 냉정한 평가를 들어보고 싶어서이다. 그것이 설령 내가 듣기 싫은 말일지라도 말이다. 때로는 듣기 싫은 말들이 나를 가장 객관적으로 바라볼 수 있게 한다고 생각한다. 친구 B는 내가 나를 다시 돌아보며 마음을 다잡을 수 있게 해주는 것은 물론 중요한 결정들을 할 때 객관적인 관점의 조언을 들을 수 있어서 도움이 된다.

내가 이런 이야기를 하는 이유는 '자기 객관화'가 일의 성공을 위해 가장 중요한 부분이라고 생각하기 때문이다.

대부분의 야구단 감독들은 본인과 친한 사람, 혹은 자기 말 잘 듣는 사람을 수석코치로 임명한다. 어떤 감독은 자신의 술친구를 수석코치로 임명하는 걸 본 적도 있다. 물론 그 역할을 하는 사람이 필요할지도 모른다. 하지만 그 역할은 누구나 할 수 있다.

감독에게 쓴소리를 마다하지 않고 객관적인 조언을 하면 술친구라도 상관없다. 하지만 대부분의 코치들은 감독에게 쓴소리를 하지 못한다. 예스맨 역할을 하는 게 보통이다. 난 그런 수석코치를 볼 때마다 이런 생각을 했다. 감독이 그 자리에서 물러나면 자신이 감독 후보 1순위라서 그가 잘못하고 있어도 얘기를 안 하는 게 아닐까 말이다.

▌소 잃고
▌외양간이라도 고쳐라

야구 시즌 중 부상이 발생하면 그 책임을 트레이닝 파트에 전가하는 일들이 많이 생긴다. 부상이 생겼을 때 책임을 지고 말고의 문제는 나에게 별로 중요하지 않았다. 사실 시즌 중 내가 책임질 방법이 마땅히 없기 때문이다.

이런 상황에서 내가 크게 무게를 두었던 것은 원인이었다. 트레이닝에 어떤 문제가 있었는지, 놓치고 있었던 건 무엇이었는지 등등 말이다. 그래서 같이 일하는 트레이너들과 미팅도 하고 조언을 구하기도 했다.

한번은 팀에서 주축인 투수가 부상을 당했다. 난 이 부상이 왜 발생했으며, 이 부상을 놓치게 된 원인이 무엇인지 파악해서 내년에는 이런 일이 없도록 해야겠다는 생각을 하고 있었다. 이때 프론트에서 미팅을 하자는 연락이 왔다. 그래서 난 그동안 이런 부분에서 문제가 있었고 내년에 이런 부분을 개선하면 이런 일이 다시 발생하지 않게 할 수 있다는 얘기를 할 참이었다. 소는 잃었지만 외양간은 이렇게 고치면 다음부터 소는 잃지 않게 할 수 있다는 생각이었다.

하지만 미팅에서는 누구 때문에 소를 잃었는지에 대한 얘기만 오갔다. 외양간을 고치는 데에는 전혀 관심이 없었다. 사장님께 어떻게 보고를 해야 하는지, 욕을 최대한 덜 먹게 보고 내용을 공유하고 말을 맞추는 그런 미팅이었던 것이다. 나에게 책임을 전가해도 괜찮은데 선심 쓰듯 내 책임을 줄여주겠다고 했다. 난 아무런 말도 하지 않고 듣기만 했다.

어느 조직을 가도 이런 일은 비일비재할 거라고 생각한다. 개인의 성향에 따라 다르긴 하겠지만, 사실 우리 모두가 한 집안의 가장이기 때문에 이런 책임에서 자유롭기 위해 애쓰는 것도 어느 정도는 이해한다. 하지만 어떻게 면피할지만 생각하고, 외양간을 어떻게 고칠지에 대한 고민을 하지 않는 것은 쉽게 이해되지 않았다.

'소 잃고 외양간 고친다'라는 속담은 약간 부정적인 의미로 쓰인다. 일이 이미 잘못된 다음에는 손을 써도 소용없다는 의미로 말이다. 하지만 우리는 완벽한 존재가 아니다 보니 소를 잃는 것과 같은 일을 인생에서 비일비재하게 마주한다. 그럴 땐 다음에 더 큰 데미지를 입지 않기 위해 원인을 분석하고 어떤 방법으로 외양간을 튼튼하게 고쳐낼지 고민하는 것이 잘잘못을 따지는 일보다 중요하지 않을까.

▌리더는 언행이
▌일치해야 한다

나는 기본적으로 세상을 삐딱하게 보는 편이다. 그래서 내가 한 말과 행동이 일치하도록 노력하는 편이다. 그래야 내 의견에 신뢰가 따라온다고 믿기 때문이다.

내가 만난 리더 중 말과 행동이 매우 다른 분이 있었다. 그분은 코치들과의 대화 때마다 선수들과 트러블이 생기면 직접 선수들과 부딪히지 말고 감독인 자기에게 말하라고 했다. 그러면 '그 선수가 4번 타자라 할지라도 자신이 2군을 보내버리겠다'고.

시즌이 시작하고 한 선수의 행동에 문제가 있다는 것을 인식했다. 팀에 부정적인 영향을 끼치는 게 분명하다 생각했고, 이것이 팀 성적에도 영향을 주고 있다고 판단했다. 그런 부분 때문에 나와도 트러블이 있었다. 나는 더 큰 감정싸움이 되기 전에 감독에게 의견을 전달했다. 감독의 말을 오롯이 믿지는 않았지만, 그래도 감독이 선수와 대화를 나눠보거나 조금은 고민해보지 않을까 하는 기대는 있었던 것이다.

그런데 이 감독은 한 치의 고민도 없이 '감독 입장에서 주전 선수를 2군으로 보낼 수는 없다'며 '그냥 이해해주라'는 것이었다. 그 일이 있고 나서 코치들 사이에서 감독의 신뢰도는 더 떨어졌다.

내가 아는 또 다른 감독은 코치들에게 소통을 강조하며 소통이 무엇인지 한 코치에게 물었다. 질문을 받은 코치는 감독이 무슨 대답을 원하는지 잘 모르기 때문에 대답을 주저하고 있었다. 그러자 감독은 '들어주는 거야'라고 말했다. 옳은 말이었다. 선수들의 얘기를 들어주는 것이 소통인 것이다.

하지만 시간이 흘러 이 말은 코치들이 감독 뒷담화를 할 때 소재가 되었다. 왜냐하면 그 감독은 정작 코치들의 얘기를 들어주지 않았기 때문이다. 소통이 무엇인지 정의는 내릴 줄 알지만, 정작 본인은 그 정의대로 행동하지 않았던 것이다.

리더의 자리에 오를수록 자신이 내뱉는 말의 무게를 고민해야 한다고 생각한다. 한 순간의 감정으로 쉽게 내뱉으면 나중에 그 말 때문에 리더십에 심각한 타격이 올 수도 있다. 물론 사람인지라 자기가 했던 말을 모두 지키지 못할 수도 있다. 그리고 시간이 지나 자신의 생각이 바뀔 수도 있다.

그렇다면 구성원들에게 충분한 설명이 있어야 하지 않을까. 왜 내가 그 말을 지키지 못했는지, 생각이 바뀌게 된 이유는 무엇인지에 대한 진실된 설명 말이다. 그것이 결국 진정성이고, 그 진정성이 말의 무게를 결정짓는다고 생각한다.

일과 조직,
나 사이에서

십수 년 전, 당시 어마어마한 연봉을 받던 한 선수가 이런 얘기를 한 적이 있다. 자신은 연봉 수억을 받지만 수천만 원을 받을 때와 비교해 특별히 다른 삶을 살고 있진 않다고 말이다. 연봉이 적을 때는 수산시장에 가서 먹던 회를 이제 강남의 고급 일식집에 가서 먹고, 국산 중형차를 타다가 고급 외제차를 타는 것 외에는 크게 달라진 게 없다고 했다. 난 배부른 소리라고 했다.

또 FA로 소위 말해 대박을 친 선수가 수십억이 생겼는데도 행복하지 않다는 말을 한 적이 있다. 계약금으로 받은 돈으로 작은 건물도 사고, 매달 임대료가 입금 되고 있는 상황인데도 말이다. 어디서 배부른 소리를 하냐고 큰 소리로 나무랐다. 그 선수는 자신을 이해하지 못할 거라는 걸 알지만 자신은 정말 행복하지 않다고 항변했다.

그 선수의 얘기는 돈을 많이 벌면 벌수록 신경 쓸 일이 너무 많이 생겨, 삶의 만족도가 그리 높지 않다는 것이었다. 건물에 입주해 있는 세입자들의 컴플레인을 해결해야 하고 매년 세금 낼 돈을 모아놓아야 하는 걱정에 마음 편하게 생활하지 못한다고 했다. 난 그래도 배부른 소리라고 했다.

본인이 언제 행복한지 정확히 알아야 한다

노벨 경제학상을 받은 앵거스 디턴과 대니얼 카너먼이라는 교수가 2010년에 발표한 논문에 따르면 '미국 국민은 소득이 늘어나면 더 행복하다고 생각하지만 연봉 7만 5,000달러(약 9,065만 원)를 넘으면 행복감이 더 이상 증가하지 않는다'고 한다.

국내에서 발표된 〈지역의 소득과 주관적 삶의 만족도 관계 분석〉이라는 논문에 따르면 한국의 경우 연간 소득 약 8,800만 원까지는 삶의 만족도가 증가했지만 그 이상 넘어가면 만족감이 더 이상 증가하지 않는다고 한다. 경제 수준 향상이 행복의 증가로 연결되지는 않는다는 것이다.

그동안 돈을 많이 벌면 더 행복하다고 단순하게 생각해왔던 나는 야구선수들의 얘기와 논문을 인용한 기사를 볼 때 그다지 와닿지 않았다. 하지만 야구단 일을 쉬는 동안 소득과 행복의 상관관계에 대해 나도 좀 이해가 되기 시작했다.

처음 야구단에서 나왔을 때는 사실 걱정을 많이 했다. 받던 연봉만큼은 벌어야 된다는 생각에 고민이 많았다. 그런데 몇 달 동안 그런 고민을 하다가 어느 순간 하지 않게 됐다. 왜냐면 소득이 적어도 행복했기 때문이다.

연봉을 많이 받았을 때를 생각해보면, 쓰는 돈은 정해져 있었다. 그 외에는 저축을 했다. 난 차에도 별 관심이 없고, 명품 같은 것에도 딱히 관심이 없기 때문에 큰돈을 쓸 일이 많지 않다. 그래서인지 연봉이 줄어든 만큼의 차이를 거의 느끼지 못했다. 야구단을 나와서는 딱 쓰는 만큼의 돈은 벌었기 때문이다.

연봉이 줄어들었지만 휴식 시간은 많아졌다. 야구단에서 일하는 동안 누리지 못한 주말을 얻어 나도 이제 워라밸이라는 것이 가능해졌다. 그래서 좋아하던 야구를 주말에 친구들과 함께할 수 있는 시간까지 생겨났다.

야구단을 나오지 않았으면 내가 이런 책을 쓸 생각을 했을까? 야구단에 계속 있었으면 고등학교 야구선수들과 지내며 보람을 느낄 수 있었을까? 야구단에 계속 있었으면 저녁이 있는 삶의 행복을 알 수 있었을까?

미래의 행복을 위해 현재를 포기하고 사는 사람들이 많다. 안정적인 노후를 위해 많은 것을 희생하며 죽어라 일만 하는 사람들이다. 미래를 위해서라고는 하지만 그렇다고 미래의 행복이 보장된 것도 아니다. 아마 미래가 되면 또 다른 미래를 위해 행복을 뒤로 미뤄둘지도 모른다.

돌연사하는 젊은 사람들도 많아지고 있는 추세이다. 미래를 위해 현재를 포기하고 살려면 미래가 올 때까지 건강하게 살아 있어야 한다. 하지만 그렇게 일만 하다가는 건강을 잃을 것이다.

소확행이라는 말이 한참 유행했다. 일상에서 느낄 수 있는 작지만 확실하게 실현 가능한 행복이라는 뜻이다. 이런 행복을 추구하는 사람에게는 돈이 그렇게 중요하지 않을 것이다. 반면 외제차를 타고 다니며 주변 사람들 앞에서 우쭐대기를 좋아하거나 비싼 명품 옷을 입는 것에 행복감을 느낀다면 수입을 늘리기 위해 많은 노력을 하면 된다. 행복하기 위해서는 본인이 언제 행복한지를 정확히 알 필요가 있다.

오늘의 행복이 무엇인지 모르는 사람이 미래에는 행복을 느낄 수 있을까? 보이지도 않는 미래를 위해 현재를 희생할 필요가 있을까?

친한 친구가 이런 말을 한 적이 있다. 자기는 30대 중후반부터 주변에서 만나자고 하면 특별한 일이 없는 한 다 만난다고 한다. 누군가가 만나자고 했는데 귀찮아서 약속을 미뤘더니 그 사이에 상대가 갑자기 세상을 떠난 적이 있기 때문이라고 한다.

또한 그 나이 때에 느낄 수 있는 행복은 나이를 들어서 느끼는 행복과는 다를 것이다. 예를 들면 같은 곳을 20대에 여행하는 것과 50대에 여행하는 것은 여행지에서 느끼는 감정이 다르다. 행복도 마찬가지일 것이다. 지금 느껴야 하는 행복은 나중에 다시 느낄 수가 없는 것이다.

사람들은 미래의 행복을 위해 현재의 행복을 포기하며 산다. 또한 자신의 행복을 위한 건지 타인의 행복을 위한 건지 깨닫지 못하며 산다. 부모님이 바라본 나의 모습, 주변 지인이 바라보는 나의 모습을 엄청나게 신경 쓰며 살고 있을 것이다. 하지만 타인의 행복을 위해서가 아닌 나의 행복을 위해 사는 게 얼마나 중요한지 깨달으면 좋겠다. 나는 야구단 일을 쉬는 동안 이것을 깨달았다.

나를 필요로 하는 곳이
어디인가

오랜 시간 야구단에서 일을 하는 동안 몇몇 팀에서 영입 제의가 있었다. 여러 상황이 맞지 않아 함께하지 못한 경우도 있었고, 새로운 변화를 주기 위해 이직을 한 경우도 있었다. 이직을 하지 않은 팀들은 영입 제의 과정을 돌이켜보면 나를 절실히 원한다는 느낌이 들지 않았다. 지방의 모 팀은 그 팀의 트레이너를 통해 연락이 왔는데, 연봉이나 다른 여러 가지 문제들을 누구랑 상의하라고 하는 건지도 알 수가 없었다. 기본적인 예의가 없다는 인상을 받았다.

또 다른 팀은 서울에서 생활하고 있는 나를 구단 사무실이 있는 지방까지 직접 오라고 하는 것이었다. 그래도 난 이력서를 준비해 구단 사무실을 방문했다. 팀장급의 사람과 이런저런 대화를 나누는데, 지금 받고 있는 팀보다 연봉을 많이 줄 수는 없다는 것이었다. 그래서 난 '내가 취업준비생도 아니고 지금 있는 팀에서 회사생활 잘하고 있는데 팀을 옮겨야 할 명분이 뭐냐'고 거꾸로 물어보기까지 했다.

또 다른 팀은 그 팀 감독의 강력한 요청이 있어서 연락이 온 경우이다. 구단 직원으로부터 전화가 왔지만 나를 탐탁지 않게 여긴다는 느낌을 받았다. 물론 내가 잘못 느낀 것일 수도 있지만, 내가 느낀 건 느낀 것이니까. 심지어 이 팀은 내가 속해 있던 팀에 전화를 걸어 나를 만날 예정이니 알고 있으라는 얘기까지 했다.

미국도 아닌 한국 문화에서 공개적으로 이직을 고민할 수는 없었다. 만약 이직할 팀과 협상하다 틀어져 원래 팀에 남게 될 경우 팀에서 어떻게 생각할지는 뻔한 일이다. 이직할 마음이 있는데 조건이 안 맞아서 이직을 못한 것이기 때문에 팀을 언제든 떠날 수 있는 사람이라 평가할 것이다. 그 팀은 나름 상도의를 지키고자 한 행동이었겠지만 내 입장에서는 나를 영입할 생각이 없어서 한 행동으로밖에 생각되지 않았다.

이직을 할 때 조건이나 대우가 중요한 건 당연하다. 하지만 나의 경험으로는 대우보다 더 중요한 것이 나를 얼마나 필요로 하는가이다. 나를 얼마나 필요로 하는지 돈으로 보여줄 수도 있지만 실무진들의 마음이 얼마나 느껴지느냐가 중요하다.

내가 이직을 하게 된 어느 팀은 이전의 다른 팀과는 분명 달랐다. 먼저 팀장이 내가 묵고 있는 숙소 근처로 찾아와서 만나자고 했다. 대략적인 대우를 얘기해주었고 고민해보고 다시 연락하자고 했다. 그런데 얼마 후 게임 종료 뒤 모 호텔로 와달라고 하는 것이었다. 그때까지 이직을 결심하지 않고 있었던 나는 조금은 불편한 마음으로 호텔로 찾아갔는데, 그 팀의 단장님이 와 계신 것이었다.

단장님은 팀의 비전을 얘기해주시고 그 비전을 이루기 위해 함께하고 싶다는 마음을 표현해주었다. 나 같은 평범한 트레이닝 코치를 이렇게 대해주니 너무나 감사한 마음이 들었다.

야구단 코치가 아닌 일반 직장인들은 헤드헌터가 있어 조금은 다른 과정을 거칠 수도 있지만 결국 면접 과정에서 어느 정도 느낄 수 있을 것이다. 나를 정말 필요로 하는 곳인지 그리고 나는 이 회사의 일원이 되어 비전을 함께 공유하고 싶은지 말이다. 만약 그 느낌을 충분히 받았다면 과감히 새로운 도전을 해볼 것을 추천한다.

▌나를 알아봐주는 사람이 ▌누구인가

아직 꽃을 피우지 못한 야구선수나 일반 직장인들도 지금의 현실에 너무 실망할 필요는 없다. 언젠가는 우리를 알아봐주는 회사나 직장 상사를 만날지도 모른다.

지금은 우리나라를 대표하는 거포로 메이저리그에까지 진출했던 키움의 박병호 선수는 사실 2011년 LG트윈스에서 넥센히어로즈로 트레이드되기 전에는 잠재력은 대단하지만 꽃을 피우지 못한 유망주에 불과한 선수였다. 2005년에 입단해 2011년 넥센히어로즈로 트레이드되기 전 LG트윈스에서의 기록을 보면 홈런은 24개, 안타는 123개의 안타만 기록한 타자였다.

그런 박병호 선수는 넥센히어로즈로 트레이드되고 난 후 다른 선수가 되었다. 2011년 후반기에만 12개의 홈런을 기록하고 2012년 31개, 2013년 37개, 2014년에는 52개의 홈런을 기록한다. 2015년 시즌을 마치고는 미국 메이저리그에 진출했다. 미국에서 큰 성공을 거두지는 못했지만 우리나라를 대표하는 홈런타자로 성장한 것은 틀림없는 사실이다.

그럼 LG트윈스에서의 박병호와 넥센히어로즈에서의 박병호는 다른 선수인가? 아니다. 완전히 똑같은 선수이다. 다만 넥센히어로즈에 박병호 선수와 좀 더 잘 맞는 지도자가 있었을 수도 있고, 환경이 그의 마음을 좀 더 편하게 해주었을 수도 있다.

흔히 사람들은 자신들이 성공하지 못한 것에 대해 노력 부족을 탓하며 자책한다. 그런데 지금껏 많은 야구선수들을 봐오며 나는 그것만이 전부가 아니라는 생각을 하게 되었다. 충분한 노력을 해도 그들을 제대로 알아봐주는 지도자를 만나지 못하거나, 능력을 맘껏 펼칠 수 있는 환경을 만나지 못하면 꽃을 피우기가 힘들다.

야구선수들에게 내가 자주 하는 말이 있다. '잘 버티고 있어라. 감독이나 코치는 언젠가는 바뀔 것이고 선수의 진가를 알아봐주는 지도자를 언젠가는 만날 수 있고, 트레이드라는 제도를 통해서 새로운 기회가 올 수도 있다'고 말이다. 야구단에서 트레이드 발표가 나면 잘됐다고 축하하는 경우가 훨씬 많은 이유도 이 때문이다.

야구선수들은 회사를 선택할 수 있는 자유가 없지만, 직장인들은 다르지 않은가. 지금의 직장이 자신을 알아봐주지 못하면 과감히 회사를 옮기는 것도 좋은 방법이 아닐까 한다. 한 곳에서 성실하게 무작정 노력만 한다고 인정받는 시대는 아니기 때문이다.

지인 중에 대학가에서 술집을 운영하는 동생이 있다. 코로나가 터지기 전 장사가 잘 안 되어 힘들었다고 한다. 코로나가 터지고는 망연자실했다고 한다. 그런데 세상 일은 정말 알 수 없는 것이 코로나가 터지고 배달주문이 엄청 늘어서 지금은 코로나 이전보다 매출이 몇 배는 뛰었다고 한다. 일이 너무 많아져서 힘들다고 앓는 소리를 할 정도로 돈을 많이 벌고 있다.

이렇듯 자신을 알아봐주는 사람, 시대, 환경이 올 때까지는 아무도 모를 일이다. 야구는 9회말 2아웃부터 시작이라는 말처럼, 야구도 인생도 끝날 때까지는 끝난 것이 아니다. 그러니 스스로를 너무 자책하지 말고 잘 버티는 방법을 고민해보자. 그러다 보면 예상치 못한 순간에 좋은 시절이 찾아올지도 모른다.

초등학교 2학년 때의 일로 기억한다. 군무원으로 일하셨던 아버지의 부대와 내가 다니던 학교가 가까이 있었다. 어느 날, 수업 중에 아버지가 대뜸 찾아오셔서는 조퇴를 시키는 것이었다(나중에 개근상을 받은 걸로 봐서는 조퇴기록은 하지 않고, 선생님께서 양해를 해주셨던 것 같다). 조퇴한 나는 아버지, 아버지 친구분과 중국집에 가서 자장면을 맛있게 먹었다. 식사가 끝나자 아버지 친구분이 사이다가 든 페트병을 비우시고는 그 속에 소주를 담았고, 작은 양주병 하나는 내 팬티 안에 넣었다.

그리고 우리는 사직 야구장으로 향했다. 아들과 야구 보러 가기 위해 학교를 조퇴시키는 그런 아버지였다.

부산에서 자란 내 또래 친구들은 아마 비슷한 추억들이 있을 것이다.

부산이 고향인 사람들은 대부분 롯데자이언츠팬일 것이다. 롯데 게임이 있는 날 술집에 가면 롯데 얘기를 안주 삼아 술을 마시는 사람들을 보는 건 어려운 일이 아니다. 이런 환경에서 자랐기 때문에 야구를 좋아할 수밖에 없었다. 나도 고등학교 졸업 때까지 부산에서 나고 자란 탓에 자연스레 롯데 팬이 되었다.

고등학교 2학년 즈음, 진로에 대해 고민하던 시기였다. 담임 선생님께서 부르시더니 "지풍이 니는 맨날 볼이나 차는데 대학교도 체육과 가라"고 하셨다. 그 말씀을 듣고 생각해보니, 운동을 좋아하고 잘하기도 하니, 미래에 성공하려면 이쪽 계열이 맞겠다는 생각이 들었다.

그렇게 고려대 체육교육과에 입학을 하게 되었다. 난 IMF를 겪은 세대였지만 그래도 나름 캠퍼스의 낭만을 누리며 학교생활을 했다. 군대 가기 전까지는 선후배들과 술 마시고 놀았던 기억밖에 없을 정도였다. 그렇게 2년간 재밌게 학교생활을 하다가 입영 통지서를 받았다.

입영 통지서를 받자 정신이 들었던 것일까. 그때부터 제대 이후의 진로와 계획에 대한 진지한 고민을 하기 시작했다. 그

때 우연히 신문기사 하나를 접하게 되었다. 스포츠 신문이었던 걸로 기억하는데, 프로 야구단 트레이너에 대한 기사였다. 각 팀 트레이너들의 출신 학교, 학과 등이 나와 있었고, 트레이너라는 직업에 대해 소개하는 글이었던 걸로 기억한다.

그 기사를 보고 나서 나도 모르게 어릴적 꿈이 다시 꿈틀거렸다. 비록 야구선수는 아니지만 롯데자이언츠에서 야구를 보며 일을 할 수 있는 길이 보인 것이다. 그때 나는 야구단 트레이너가 되어야겠다고 결심했다.

2020년 시즌 종료 후 야구단을 나와 미래에 대해 고민을 하던 중 한화이글스에서 연락이 왔다. 그동안 일을 하며 생긴 트러블과 오해들로 더 이상 프로 야구단에서 일하지 않겠다고 마음 먹고 있었던 시기였지만 한화이글스의 연락을 받고 다시 심장이 뛰기 시작하는 걸 느꼈다. 1년 가까이 보지 않던 야구를 다시 보기 시작했다.

한화이글스의 연락을 받고 난 깨달았다. 난 정말 이 일을 사랑하고 있다는 것을. 새로운 곳에서 마주칠 또 다른 어려움을 생각하면 조금은 답답할 때도 있지만, 난 알게 되었다. 난 역시 새로운 도전과 변화에 두려움이 없고 그것을 즐기는 사람이란 걸 말이다.

지금 내게 한화라는 팀은 너무나 매력적인 팀이다. 다른 환경에서 야구를 한 외국인 지도자를 만날 수 있고, 대부분이 어린 선수들이라 고정관념이 고착화되기 전 많은 변화를 일으킬 수 있는 팀이기 때문이다. 과거 나의 생각과는 정반대의 트레이닝과 훈련으로 유명했던 팀에서 일할 상상을 하니 다시 가슴이 뛰기 시작하였다.

난 정말 야구를 사랑한다. 야구에 대한 나의 사랑은 계속 진행 중이고 나의 두 번째 삶도 진행 중이다.

이 자리를 빌어 늘 내게 많은 가르침을 주는 딸 연우에게 사랑한다고 전하고 싶다.